PRÁTICAS BEM-SUCEDIDAS DE EMPRESAS VITORIOSAS

Práticas Bem-sucedidas de Empresas Vitoriosas

Nova Sampa Diretriz Editora Ltda
Rua das Camélias, 198 - Mirandópolis, São Paulo - SP
CEP 04048-060 - Tel. (11)5589-7197
vendas@sampaeditora.com.br

Diretor
Carlos Alberto Cazzamatta

Realização
FREE
Franco de Rosa Estúdio Editorial

Editor-Chefe
Franco de Rosa

Redatora
Suely Paiva

Editor de Arte
Fabio Moraes

Revisão
Adelmo Pereira

Consultoria Editorial
Toninho Mendes

Distribuição para todo o Brasil:
Dinap S.A.
Distribuidora Nacional de Publicações

APRESENTAÇÃO

Empresa vencedora, vitoriosa, visionária, de sucesso ou feita para durar. Existe algum segredo para dar certo? Como chegar ao ranking dos maiorais, entre os melhores do mundo? O que torna um negócio exemplar, um modelo a ser seguido?

Deciframos análises de situações comuns a empresas vencedoras, no cenário internacional, em estudo de especialistas e pesquisa de campo. Traçamos um paralelo com a realidade brasileira, que também apresentamos.

Em relação a mudanças que algumas marcas vitoriosas operam, autores americanos nos convidam a imaginar o mundo sem fita adesiva Scotch, Post-It da 3M, Boeing 747, cartões American Express, Band-Aids da Johnson & Johnson, lâmpadas GE, calculadoras HP ou computadores IBM...

Você sabia que há no momento 24 empresas brasileiras entre as 2.000 maiores do planeta? Muitos empresários brasileiros também figuram entre as maiores fortunas do mundo. Como eles chegaram lá?

E o varejo? Qual a fórmula do empreendedor? Por que algumas pessoas se sobressaem e decolam diante da adversidade?

Apresentamos a trajetória dos vitoriosos e relembramos algumas histórias que se destacam no meio empresarial.

O que há de comum em vencedores como Abilio Diniz e Luiza Helena Trajano? "Almejar além do lucro, saber gerir pessoas, ter uma cultura e liderança fortes." – ensina Abilio Diniz. "A regra de ouro é: faça aos outros o que gostaria que fosse feito a você" – resume Luiza. Vamos conhecer as dicas destes e outros campeões do cenário empresarial brasileiro.

ÍNDICE

THE DEFINITIVE GUIDE TO THE RICHEST PEOPLE ON EARTH
SPECIAL ISSUE
Forbes
210
NEW BILLIONAIRES
138
WOMEN
5.4
TRILLION DOLLARS
MIKHAIL PROKHOROV
JAY-Z'S PARTNER MIGHT BE PUTIN'S SUCCESSOR
MEET THE THRILLIONAIRE
GOPRO'S NICK WOODMAN
VIETNAM'S FIRST BILLIONAIRE
AND THE TRIUMPH OF CAPITALISM
BILLIONAIRES
THE NAMES, THE NUMBERS AND THE STORIES BEHIND THE 1,426 PEOPLE WHO CONTROL THE WORLD

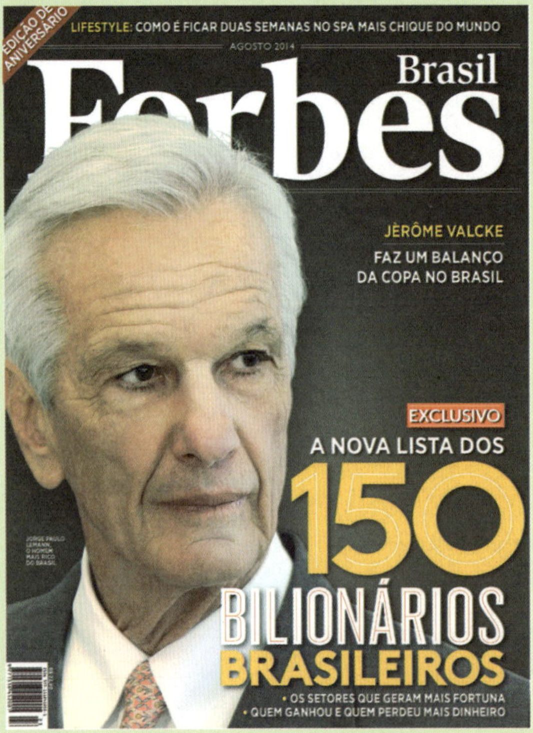
EDIÇÃO DE ANIVERSÁRIO
LIFESTYLE: COMO É FICAR DUAS SEMANAS NO SPA MAIS CHIQUE DO MUNDO
AGOSTO 2014
Forbes
Brasil
JÈRÔME VALCKE
FAZ UM BALANÇO DA COPA NO BRASIL
EXCLUSIVO
A NOVA LISTA DOS
150
BILIONÁRIOS
BRASILEIROS
• OS SETORES QUE GERAM MAIS FORTUNA
• QUEM GANHOU E QUEM PERDEU MAIS DINHEIRO

CAPÍTULO 1

No ranking das 2000 empresas top do mundo da Forbes, 24 são brasileiras

O Itaú Unibanco é a empresa brasileira mais bem colocada no ranking das maiores do mundo em 2015, divulgado pela Forbes, uma respeitada revista internacional do mundo dos negócios. A Forbes relaciona anualmente as 2.000 maiores companhias abertas do planeta levando em consideração os seguintes itens: receita, lucro, ativos e valor de mercado.

Segundo o presidente do Itaú Unibanco, Roberto Setúbal, o bom resultado do banco, é o reflexo das medidas que tomou desde 2011, quando passou a priorizar setores de menor risco. Em meio à crise geral, em maio de 2015, divulgou lucro líquido superior ao primeiro trimestre do ano anterior. "Sou otimista e acredito no Brasil. As coisas vão melhorar", frisou Setúbal.

Segundo a lista divulgada no site da revista Exame, o banco ocupa a 42ª posição da lista, empatado com a seguradora norte-americana AIG. O lucro divulgado pelo Itaú foi de 9,2 bilhões de dólares em 2014. Seus ativos totalizam 424 bilhões. A segunda empresa brasileira no ranking é outro banco: o Bradesco, que aparece em 61º lugar, com lucro de 6, 5 bilhões de dólares e ativo de 403 bilhões de dólares.

No ano anterior, a empresa líder entre as brasileiras foi a Petrobras, que no ranking de 2015 figura em quarto lugar, atrás do Banco do Brasil, que está em terceiro. Na lista de 2014, entre as 2.000 maiores empresas do mundo todo, a Petrobras estava em 30º lugar.

Além do Itaú, Bradesco, Banco do Brasil e Petrobras, outras 19 empresas brasileiras figuram na lista de 2.000 maiores do mundo.

Depois da Petrobras, vêm: JBS (Friboi); BRF (Sadia/Perdigão); Itausa ; Grupo Pão de Açúcar; Ultrapar; Cielo; Cemig; Eletrobras; Braskem; Oi; Gerdau; Cpfl Energia; OGX; CCR;CSN; Copel; Embraer; Ban risul e Weg.

O levantamento da Forbes considerou dados contábeis fornecidos pelas empresas em 2014 e valores de mercado observados a partir de 6 de abril de 2015. No caso da Petrobras, especialmente, foram considerados os dados do balanço auditado divulgado em abril deste ano.

No total, 61 países estão representados no ranking de 2015. Os quatro primeiros colocados são bancos chineses – ICBC, China Construction Bank, Banco Agrícola da China e Banco da China, nessa ordem –, seguidos pelo conglomerado norte americano Berkishire Hathaway.

CAPÍTULO 2

Abilio Diniz: a fórmula do sucesso e a vitória na primeira pessoa do singular

O empresário Abilio Diniz apresenta as dicas de liderança e gestão para quem quer transformar seus negócios em empresas vencedoras. Segundo ele, foram esses conceitos que conduziram sua atuação durante décadas de experiência no comando do Grupo Pão de Açúcar, hoje o maior varejista do Brasil, com 2.143 lojas e faturamento de R$ 72,3 bilhões. Líder absoluto do ranking da revista Exame, seguido por Carrefour, com R$ 37,9 bilhões.

Um artigo publicado na Época Negócios, destaca as lições que Abilio Diniz aprendeu e praticou ao longo de sua carreira para chegar ao sucesso. Relembra que são quatro as premissas básicas para construir um negócio vencedor: almejar além do lucro, saber gerir pessoas, ter uma cultura e liderança fortes.

Abilio Diniz deixou o Grupo Pão de Açúcar em 2013 e no início de 2014, anunciou a compra de 10% das ações do Carrefour. Atualmente, ele é presidente do conselho da empresa de alimentos BRF, oriunda da fusão entre Sadia e Perdigão. Aos 78 anos, Abilio aparece como o 369º homem mais rico do mundo no ranking da Forbes. Sua fortuna é estimada em US$ 4,4 bilhões, o que o coloca em nono lugar entre os bilionários brasileiros. Os bilionários brasileiros que estão à frente de

Diniz são, na sequência: Jorge Paulo Lemann (AB/Inbev); Joseph Safra (Banco Safra); Marcel Herrmann Telles (AB/Inbev); Carlos Alberto Sicupira (AB/Inbev); João Roberto Marinho (Globo);Jose Roberto Marinho (Globo); Roberto Irineu Marinho (Globo) e Eduardo Saverin (um dos fundadores do Facebook),

"Ganhar dinheiro certamente é importante, mas empresas vencedoras precisam de objetivos que vão além disso", lembra Abilio. "O que eu posso ter, além do lucro? A concorrência pode copiar o que fazemos, mas jamais o que somos. A empresa precisa ser importante a ponto de as pessoas se sentirem sozinhas sem ela."

As 20 dicas de Abilio Diniz, que estão em seu canal do Youtube, são confirmadas em suas palestras, como no Fórum de Varejo da América Latina, promovido em 2014 pela consultoria GS&MD. Apresentamos, a seguir, um resumo dos principais pontos enfatizados por ele:

1. Dedicação é a chave

"Para seguir uma carreira de sucesso é preciso se dedicar a ela, saber o que quer e focar no que você quer. Escolha um objetivo e lute por ele."

2. Diagnostique, planeje e execute

"Antes de tudo, faça um diagnóstico daquilo que você vai fazer. Em seguida, planeje suas atitudes e, só depois disso, passe para a ação."

3. Cuidado com o improviso

"Talvez o pior inimigo de um empreendedor seja o improviso. É bom que os empreendedores tenham certa flexibilidade para se adaptar a determinadas situações, mas, às vezes, o próprio improviso causa dificuldades."

4. Focar em uma qualidade

"Não adianta querer ser bom em tudo. Escolha um ponto para focar seus esforços e ser melhor nele do que os outros, independentemente do tamanho da sua empresa."

5. Prepare-se para as crises

"O que é preciso em um momento de crise econômica é que a empresa esteja bem. Se você pressente que virão dificuldades na economia, é necessário preparar a empresa para ultrapassar a crise."

6. Operações e pessoas

"Para mim, as empresas são todas iguais porque são baseadas em gente e em processos. Deu certo? Elogie as pessoas e os processos. Deu errado? Olhe para as mesmas coisas."

7. Saiba quem contratar

" Avalie a necessidade no momento e escolha se é melhor ter um especialista ou um generalista para o cargo."

8. Modere a intuição

"Não dá para seguir apenas a intuição, isso deve ser algo a mais que você usa nos momentos de decisão. Baseie-se sempre em fatos concretos."

9. Exercite a humildade

"Humildade é acreditar que não se sabe tudo. É importante aprender a ouvir e outras ideias, e não tentar impor somente a sua.

10. Cometa novos erros

"O importante é meditar sobre seus erros e, se tiver de cometê-los, que sejam novos erros".

11. Equilibre trabalho e vida pessoal

"É preciso ter equilíbrio entre trabalho e outras atividades. Ou você vai se atrapalhar."

Abilio Diniz

12. Saiba a quem delegar

"Primeiro, saiba a quem delegar. É necessário acreditar que essa pessoa esteja à altura do cargo que você vai dar para não ser obrigado a ficar vigiando o tempo inteiro."

13. Seja flexível

"Uma das coisas mais importantes da vida é a flexibilidade, e essa é uma característica que se adquire."

14. Controle o medo

"Para ser empreendedor, é preciso ter criatividade, ambição, vontade e saber dosar o medo. Um pouco de medo é sempre bom para manter a cautela, mas muito medo vai impedi-lo de empreender."

15. Se comunicar c0m clareza

"O líder precisa ter muito cuidado com a forma pela qual se comunica. O ideal é dizer tudo de forma muito clara e não deixar dúvidas sobre o que está pedindo."

16. O que define um líder?

"Defina-se mais pelo comportamento e pelos valores do que pelo conhecimento técnico. Nunca se esqueça que as pessoas se inspiram em você

17. Não pare de sonhar

"O bom empreendedor é aquele que não para de sonhar, de criar. Ele coloca o que quer fazer na cabeça e depois o faz com sucesso.".

18 .Use o fracasso para crescer

"A queda é sempre dolorosa, mas é possível tirar algo bom de uma situação ruim. Use a queda para se tornar uma pessoa melhor."

19. Esteja aberto a aprender

"Aprender é algo que depende do aluno, não do professor. Se você estiver disposto a aprender algo novo, mesmo com os erros, já vai passar na frente de muita gente. Aprenda, pergunte, investigue, conheça e acumule conhecimentos. Esse é um trampolim para saltar mais alto."

20. Seja feliz

"A felicidade é tudo na vida, e para ser feliz comece amando as coisas que você tem, e não só desejando as coisas que não tem." E finaliza: "Se eu pudesse escolher só uma coisa na vida, escolheria ser feliz. O resto você ajusta em torno disso".

Um líder natural

Nascido em São Paulo em 1936, Abilio dos Santos Diniz se formou em Economia na segunda turma da FGV, a Fundação Getúlio Vargas. Como braço direito do pai, liderou o projeto de implantação do primeiro supermercado Pão de Açúcar, inaugurado em abril de 1959, na Avenida Brigadeiro Luiz Antônio, bem perto de onde funcionava a doceira aberta por Valentim onze anos antes.

Em 1963, abriu a segunda loja, na rua Maria Antonia, em Higienópolis. Em 1965, adquiriu a rede Sirva-se, pioneira do negócio em São Paulo, junto com o Peg-Pag. Em 1968, o Pão de Açúcar já contava com 40 supermercados e 1.642 funcionários .

Abilio foi membro do Conselho Monetário Nacional por dez anos, entre 1979 e 1989. após aceitar um convite do ministro Mário Henrique Simonsen.

Surgiram problemas sucessórios no Pão de Açúcar e só em 1994 os irmãos Diniz assinaram acordo que garantiu o controle da companhia por Abilio. Em meio a problemas econômicos do país e o baque do sequestro que o empresário sofreu em dezembro de 1989, o Grupo Pão de Açúcar chegou à beira da falência em 1990.

Abilio conseguiu contornar a crise e "concluiu que a virtude poderia estar mais na humildade e na tolerância do que na combatividade ou na agressividade." Segundo texto oficial publicado em seu site. "Nasceu um sujeito menos áspero e briguento que passou a compreender melhor o sentido do amor, do autoconhecimento e da religião em sua vida. A raiva e frustração da experiência do sequestro foram convertidas em alimento para sua elevação espiritual e para seu desenvolvimento afetivo."

Ele lançou o Pão de Açúcar em mais um longo ciclo de expansão e lucros. Surgiu a sociedade entre o Pão de Açúcar e o grupo francês Casino. Em busca da profissionalização, abriu mão da presidência executiva do Grupo em 2003 e passou a exercer a função de presidente do conselho de administração. Em 2009, o Grupo Pão de Açúcar comprou a rede Ponto Frio, e em 2010, associou-se a Casas Bahia.

Em abril de 2013, Abilio assumiu a presidência do conselho de administração da BRF e em setembro deixou a presidência do conselho de administração do Grupo Pão de Açúcar. Já em dezembro de 2014, a Península, empresa de investimentos de sua família, adquiriu participação acionária no capital do Carrefour Brasil, onde o empresário agora ocupa uma das cadeiras do conselho.

Futebol, outra paixão

Recentemente, a pedido do presidente Carlos Miguel Aidar, Abilio Diniz, começou a assessorar o São Paulo Futebol Clube. Em um momento em que a dívida do São Paulo ultrapassa 200 milhões de reais, Diniz criou o Fundo de Investimentos em Direitos Creditórios (FIDIC). Isso para que torcedores e outros investidores possam juntar 100 milhões de reais no fundo para garantir o pagamento de créditos e multas rescisórias de atletas.

CAPÍTULO 3

O segredo do negócio está na compreensão das necessidades reais do cliente

Luiza sempre pronta para a inovção

Na quinta posição do ranking de maiores varejistas do Brasil está Magazine Luiza, com faturamento de R$ 11,5 bilhões e 756 lojas, que empregam 24.000 funcionários.

No comando do grupo está Luiza Helena Trajano, que começou sua carreira na área de vendas, aos 12 anos. Seguiu uma longa trajetória dentro da rede de lojas fundada por sua tia – também Luiza, que dá nome ao grupo. Formada em Direito, Luiza é hoje uma das três mulheres mais poderosas do Brasil segundo lista da revista Forbes. Está também em quinto lugar entre 100 líderes de melhor reputação no Brasil.

No grupo, passou por todos os departamentos: da cobrança à gerência, das vendas à direção comercial. Desde 1991, quando se tornou superintendente, começou uma ascensão para cargos mais estratégicos que culminou na presidência, ocupada por ela desde 2008. Ainda assim, faz questão de manter o olho na operação e não se distanciar do dia a dia da empresa, motivo pelo qual continua encarregada do serviço de atendimento ao consumidor. Ela informa seu próprio e-mail para os clientes que não conseguiram resolver seus problemas.

Em bate-papo no site Na Prática, Luiza revelou que todos os funcionários do Magazine são vendedores, inclusive ela própria. "Meu negócio é vender. Sempre fiz outras coisas, mas nunca saí da mesa da venda. Não sou presidente de empresa, sou vendedora até hoje. Gosto de lidar com pessoas, e vender nada mais é que se conectar com pessoas", diz.

"O perfil que buscamos no Magazine é de quem quer ser protagonista da sua história, gosta de pessoas e de servir. A regra de ouro é: faça aos outros o que gostaria que fosse feito a você", completa.

Para Luiza, duas coisas distinguem uma boa empresa e um bom profissional: "Só terá sucesso quem souber dar importância ao atendimento e estiver pronto para a inovação", diz. "Quem paga nosso salário é o cliente. Ele é o nosso patrão. Eu passo 50% do meu tempo cuidando de atendimento. A estratégia nasce é na ponta", acrescenta. E afirma que, assim como os mais velhos estão aprendendo a usar a tecnologia a seu favor com muito sacrifício, os jovens tecnológicos têm que aprender a lidar com pessoas – com paciência e capacidade de servir.

Para dar conta de sua rotina atribulada, Luiza revela que dorme pouco – de 3 a 4 horas por dia –, reclama pouco e descentraliza muito. "Tenho bastante gente trabalhando junto comigo, e eu ensino muito, tenho facilidade de formar pessoas. Também tenho uma inteligência de resolver problemas, e não criar problemas, e não fico levando coisas de um dia para o outro. Outra coisa que faço é estar inteira em todo lugar aonde eu vá. Acredito que, dessa forma, é possível dar o melhor de mim às pessoas e tirar o melhor delas também", diz.

Luiza foi sondada para assumir o ministério das Pequenas e Médias Empresas, mas recusou o convite. "Eu sou muito mais útil deste lado, apoiando os micro e pequenos empresários, do que assinando papéis do lado de lá", disse ela.

Ricardo cobre qualquer preço

"A estratégia sempre foi baseada no preço. Quando comecei, os concorrentes estavam havia muito tempo no mercado e já tinham seu posicionamento, em atendimento, ou financiamento, ou tradição. Só sobrou o preço, então me agarrei nele. Busquei estar em pontos de venda ao lado dos concorrentes. Assim, mesmo sem tanto esforço, de propaganda, eu podia atrair os clientes deles, usando sempre o mesmo mote, desde 1989: cubro qualquer oferta do Brasil." Este é o segredo de Ricardo Nunes, o dono da Ricardo Eletro, e dirigente da Máquina de Vendas, sétimo colocado no ranking brasileiro de varejistas, segundo a última lista da Revista Exame.

Ricardo Nunes, de Divinópolis, interior de MG, iniciou seu negócio aos 18 anos, como sacoleiro. Buscava eletrônicos e bichos de pelúcia na 25 de Março, em São Paulo, para vender em sua cidade.

Exemplo de sucesso do tipo "são os olhos do dono que engordam o porco", o próprio fundador, o Ricardo Nunes continua à frente da Ricardo Eletro, carro-chefe do grupo Máquina de Vendas, com 1.100 pontos de venda em 442 cidades do Brasil. O ponto alto dos negócios está também na Internet, onde oferece 50 mil itens.

Em recente entrevista à revista Época, Ricardo confessou que trabalha ainda 14 horas por dia e sobra pouco tempo para a família.

"Gosto de participar da rotina da empresa, de conversar com a equipe, a porta de minha sala está sempre aberta. Tenho boa comunicação, sei analisar bem as pessoas e não saio de perto de minha calculadora, para fazer contas e ver até onde dá para fazer negócio", revelou Ricardo, na mesma entrevista à revista Época, por ocasião da fusão com a rede Insinuante, da Bahia.

Com atuação ainda tímida em São Paulo, Ricardo Eletro é líder de vendas em Minas Gerais e está entre os cinco maiores varejistas do país. Sempre com a mesma política de cobrir todas as ofertas dos concorrentes.

Já a Máquina de Vendas associou-se à City Lar, do Mato Grosso, e à Eletro Shopping, com sede em Pernambuco e presente em mais seis estados do Nordeste brasileiro. Buscando o mercado em seus quatro cantos, juntaram-se também ao grupo a paranaense Salfer, com lojas em Santa Catarina e no Rio Grande do Sul.

O menino órfão, que começou a trabalhar aos 12 anos, vendendo mexericas na porta da faculdade e que concluiu apenas um curso técnico, é hoje um palestrante de sucesso. O tema das palestras? "Como alcançar sucesso no mundo dos negócios", é óbvio.

Priscila Callegari, da arquitetura para os calçados

Ela recomeçou quando alguns já pensam em parar. Aos 50 anos, a designer Priscila Callegari, hoje com 55, decidiu fechar sua empresa de arquitetura promocional para se dedicar a uma paixão: sapatos. "Quando eu viajava, via modelos interessantes que não encontrava no Brasil", conta.

Primeiro fez em um curso de design de calçados. Dois anos depois, procurou o auxílio do Senai de São Paulo e do Sebrae de Franca para criar uma coleção original de sapatos.

Por meio de cursos e consultorias, percebeu que buscava criar algo moderno, com boa dose de criatividade e, ao mesmo tempo, com design. A solução foi criar sapatos customizados, um conceito novo mesmo fora do País.

Com tecidos variados, pingentes e tiras, Priscila criou acessórios que podem ser acoplados aos calçados, criando modelos novos a cada aplicação. Nascia assim, em 2008, a Ciao Mao. "No começo, ninguém entendia o meu conceito. Como não tínhamos escala, as empresas ficavam com receio de produzir porque não consideravam o produto comercial."

Conceitos ergonômicos são aplicados nas formas mas também é pensado no material empregado para cada modelo. Assim, os criadores trabalham não só com couro natural, mas também tecidos de algodão, palmilha conformada, solado de couro ou borracha, e para maior conforto, saltos mais baixos.

No conceito de interatividade, a consumidora é convidada a interagir com a peça escolhida, escolhendo combinação de acessórias, formas e cores. Assim, ela passa a ser coautora do calçado que está levando. A personalização adquire e cria uma atitude na cliente, e que permite a criação de vários looks, para ocasiões diferenciadas. Por isso eles não são um produto de moda passageira, mas o resultado de uma escolha da própria cliente, que passa a fazer arte com suas decisões.

A primeira loja foi aberta em Pinheiros, na cidade de São Paulo, com um investimento inicial de R$ 800 mil. Três anos depois, a empresa alcançou seu ponto de equilíbrio e hoje tem uma rede de cinco lojas.

A concepção de conforto e bom design dos sapatos também se traduz no visual dos pontos de venda. O estoque fica a vista do através de um sistema de sapateiras modulares feitas de lona de caminhão, latas de alumínio e identificado com imãs.

O projeto permite a otimização de espaço e uma interação maior do cliente com o vendedor. Os móveis expositores possuem gavetas que guardam os acessórios e incentivam os clientes a explorarem as possibilidades de interação.

Essa solução espacial permite um estoque de mais de 600 pares em mais de 80 modelos diferentes e que se renovam a cada semana. "O brasileiro tem medo de inovar porque quer 100% de retorno no curto prazo, mas não percebe que o caminho da inovação é mais seguro", diz Priscila.

Seu grande achado foi inovar. Para isso, fez cursos e estudou o mercado antes de abrir o negócio. "Desenvolvi uma ideia tão bem amarrada que nunca pensei que pudesse dar errado". A inovação resultou em prêmios que deixaram a Ciao Mao em evidência. "Esse reconhecimento ajuda a dar credibilidade para a marca, e se você acredita em uma ideia, estude e coloque a mão na massa. No início o caminho é longo, mas certamente é mais seguro", explica a empresária.

Miguel Krigsner , a valorização das relações humanas

"Aos 11 anos eu ajudava meu pai em um pequeno comércio de roupas no Centro de Curitiba, no Paraná. Foi lá que aprendi a importância das relações, vendo como meu pai lidava com os clientes, fornecedores e com a comunidade." Esta é a receita do sucesso, nas palavras de Miguel Gellert Krigsner, o empresário que criou o Grupo Boticário. A revelação foi feita em entrevista à revista Exame e publicada na internet.

Em 2014 , Krrigsner foi apontado como o mais novo bilionário brasileiro pela Revista Forbes, com fortuna estimada em 2,7 bilhões de dólares americanos. Continua n ranking de 2015, como o 18º mais rico da lista dos brasileiros com mais de 1 bilhão de dólares.

Em 1977, quando era um jovem recém formado em farmácia e bioquímica, Krigsne abriu uma pequena farmácia de manipulação na rua Saldanha Marinho, no centro de Curitiba. Investiu na elaboração de cosméticos naturais, manipulados artesanalmente. A escolha do nome O Boticário fez referência aos antigos farmacêuticos, conhecidos no passado como boticas.

Em 1979, inaugurou uma loja, instalada no Aeroporto Internacional Afonso Pena, em São José dos Pinhais/PR. Passageiros e equipes de bordo das companhias foram os primeiros clientes, não apenas para uso pessoal, mas também para presentear e revender em suas cidades de origem.

No ano seguinte, em 1980, surge a Natureza Comércio e Representações de Produtos Naturais, com a primeira franquia O Boticário, em Brasília/DF. Depois desta, vários empreendedores começaram a manifestar interesse pelo negócio. E foi assim que O Boticário entrou em um segmento ainda não explorado no Brasil, o de franquia no setor de perfumes e cosméticos.

Desde 1990, a Fundação Grupo Boticário de Proteção à Natureza apoia centenas de projetos, com doações significativas. Na área de pesquisa e desenvolvimento, o grupo estuda o envelhecimento de pele e a biodiversidade brasileira. Em parceria com a Universidade Positivo, matém o Laboratório de Biologia Molecular (Labim) em Curitiba/PR.

Filho de judeu polonês e judia alemã, Miguel nasceu na Bolívia, de onde a família se mudou para Curitiba quando ele tinha 11 anos. Em homenagem ao seu povo, o empresário construiu o Museu do Holocausto de Curitiba, inaugurado em 2011.

Roberta Caruso, uma segunda chance

É normal que um empresário, pouco tempo depois de abrir sua empresa, comente com desenvoltura a respeito dos erros e acertos que cometeu. Com Roberta Caruso, não é diferente. Dona da Overland, uma pequena empresa que oferece hospedagem ao ar livre, Roberta consegue traçar um histórico preciso sobre sua trajetória como empreendedora do início da empresa até o momento. "A ideia do negócio foi um grande acerto. Não tem nada parecido até hoje. Outro acerto foi trabalharmos com custo fixo bem pequeno para compensar, dessa maneira, o faturamento oscilante", analisa Roberta, que precisou abrir mão dos sócios para que a empresa ganhasse corpo.

A Overland não possui faturamento fixo. Nos meses com "grandes eventos", como a própria empresária define, os ganhos mensais chegam a R$ 200 mil. Quando o ritmo de trabalho é menor, ela consegue faturar entre R$ 25 mil e R$ 50 mil.

A aposta e o esforço em operar no mundo virtual, compensou. Seu negócio tem página na rede social Facebook e site caprichado na internet, de onde vem grande parte de seus clientes. Além disso, desenvolve projetos em parceria com grandes empresas que ajudam na divulgação dos serviços prestados pela Overland.

CAPÍTULO 4

Uma longa história resultou no Itaú Unibanco a maior empresa do Brasil

Com receita de 76,6 bilhões de dólares, lucro de 9,2 bilhões, ativos que totalizam 424 bilhões de dólares e valor de mercado de 63,7 bilhões, o Itaú Unibanco é a maior empresa brasileira. Está em 42º lugar entre as 2.000 maiores do mundo, segundo a última lista da revista Forbes.

O Itaú Unibanco Holding S.A, atua além de no Brasil em outros 20 países. Está presente na Argentina, Chile, Uruguai, Paraguai, Peru, Estados Unidos, México, Ilhas Cayman e Bahamas, Portugal, Espanha, França, Reino Unido, Luxemburgo, Bélgica, Alemanha e Suíça, Emirados Árabes Unidos, República Popular da China e Japão.

O grupo é resultado de uma longa história que culminou com a fusão e compra de várias instituições do ramo financeiro, de crédito ou seguradora, entre as quais a Credicard e a Porto Seguro. A união dos dois bancos que dão nome à instituição que é hoje, começou em 2008 e se formalizou em 2010.

A história do Unibanco começou em 1924, quando o comerciante João Moreira Salles criou a Casa Bancária Moreira Salles, em Poços de Caldas, MG.

O Itaú surgiu duas décadas depois, em outro ambiente. Em 1943, quando o industrial do ramo têxtil Alfredo Egydio de Souza Aranha constituiu o Banco Central de Crédito S.A., São Paulo era uma cidade de 1,3 milhão de habitantes. A primeira agência foi inaugurada em 2 de janeiro de 1945, no centro de São Paulo.

Com o fim da Segunda Guerra Mundial, o Central de Crédito começou seu um primeiro ciclo de expansão. Em dez meses, o banco incorporou uma agência em Campinas e outra em São João da Boa Vista. No ano seguinte, aumentou seu capital, para suportar a construção de uma nova sede, no centro de São Paulo, e a abertura de novas agências, no interior paulista.

Em 1940 ocorre a fusão entre a Casa Bancária Moreira Salles, a Casa Bancária de Botelhos e o Banco Machadense, todos do Sul Mineiro, cria o Banco Moreira Salles, com 34 sucursais e agências. Cinco anos depois, já seriam 63. Mais quatro anos, de 1948 a 1952, surgem outras 20 agências.

O Central de Crédito ficou restrito ao estado de São Paulo até o final da década de 50, quando somava 31 agências. O engenheiro Olavo Egydio Setubal entrou para a história quando, a convite de seu tio Alfredo Egydio de Souza Aranha, assumiu a diretoria do Banco Federal de Crédito. Eudoro Villela, médico e genro de Alfredo Egydio dividiu a direção do grupo, que decolou partir dos anos 60.

Em 1964, ocorreu a fusão com o Banco Itaú S.A., então um dos 50 maiores bancos brasileiros. Em 1966, é a vez do Banco Sul Americano do Brasil S.A., da família Moraes Barros, dando origem ao Banco Federal Itaú Sul Americano. Em 1969, foi a vez do Banco da América, inovador na prestação de serviços à clientela de maior renda. Ainda viriam o Banco Aliança S.A., em 1970, o Banco Português do Brasil S.A., em 1973, e o Banco União Comercial S.A., numa complexa, mas bem-sucedida operação, em 1974.

Findo esse período, o banco, que nascera, 30 anos antes, com o capital mínimo exigido por lei, ocupava o segundo lugar em volume de depósitos de todo o sistema bancário nacional e era líder, entre as instituições privadas, em número de agências, com quase 500 unidades espalhadas pelo país. Seu nome, passa a ser Banco Itaú S.A.

Enquanto isso, o Banco Moreira Salles, que, em 1967, já somava mais de 300 agências e cerca de 1 milhão de correntistas, muda sua denominação para União de Bancos Brasileiros, a partir da incorporação do gaúcho Banco Agrícola Mercantil, presente em nove estados e no Distrito Federal. É com esse nome que, em 1970, assume o Banco Predial, do Rio de Janeiro, instituição especializada em crédito popular, que lhe deu grande capilaridade nos então estados do Rio de Janeiro e da Guanabara. Em 1974, o grupo inaugurou, em Paris, a primeira das suas agências no exterior.

Um novo ciclo de fusões e incorporações só ocorreria em seguida ao Plano Real, em meados dos anos 90, quando, finalmente, o processo hiperiflacionário foi vencido. Já organizados como bancos múltiplos e com atuação segmentada pelos diversos tipos de clientes – pessoas física, com suas subdivisões por faixas de renda, e empresas, estas divididas pelo porte dos negócios – e por áreas de serviços oferecidos – banco de investimentos, seguradoras, financeiras, crédito imobiliário, corretoras e distribuidoras de valores –, Itaú e Unibanco, mais uma vez, seriam protagonistas da nova etapa da história dos bancos no Brasil.

Em 1995, o Itaú adquiriu o Banco Francês e Brasileiro e, nos anos seguintes, incorporou, sucessivamente, os estaduais Banerj (Rio de Janeiro), Bemge (Minas Gerais), Banestado (Paraná) e BEG (Goiás). Em 2002, associou-se ao Banco BBA-Creditanstalt, ativo no segmento de grandes clientes corporativos; em 2003, comprou o Banco Fiat S.A., especializado em financiamento de veículos; e, em 2006, as operações do BankBoston no Brasil, no Chile e no Uruguai.

Também em 1995, coube ao Unibanco absorver, em prazo curto, a complexa estrutura do Banco Nacional S.A., então sob intervenção federal. E, igualmente, nos anos seguintes, incorporar várias instituições, em diferentes segmentos do mercado financeiro. Vieram, assim, a fazer parte do conglomerado Unibanco a financeira Fininvest, líder em crédito direto ao consumidor (metade do capital adquirido em 1996 e aquisição completada em 2000) e o Banco Dibens, forte no financiamento de veículos (metade em 1998 e a integralidade em 2005).

Em 2000, o Unibanco incorporou o Credibanco, bem posicionado como agente de repasses de recursos a empresas, com presença de destaque nas linhas do BNDES, e, no mesmo ano, o Banco Bandeirantes. Instituição de porte, com posição destacada no Nordeste, o Bandeirantes foi alvo de acirrada disputa entre as maiores instituições do mercado, e sua incorporação resultou na admissão do importante banco português Caixa Geral de Depósitos, que controlava o Bandeirantes, entre os sócios da instituição brasileira. Ainda haveria outras incorporações, nos anos seguintes, como a do Banco BNL do Brasil, subsidiária da italiana Banca Nazionale del Lavoro SpA, em 2004.

Em agosto de 2009, é anunciada a junção das operações de seguro com a Porto Seguros. Em janeiro de 2014, o Itaú Unibanco comprou o banco chileno CorpBanca e em agosto do mesmo ano adquiriu 100% da gestora de ativos chilena Munita Cruzat & Claro.

Atualmente, à frente do grupo, estão o economista Pedro Moreira Salles e o engenheiro Roberto Setúbal, herdeiros dos pioneiros. Pedro é presidente do conselho de administração e Roberto é presidente do Itaú Unibanco. A psicóloga **Maria de Lourdes Egydio Villela, a Milu Villela, filha de Eudoro Villela, preside a holding Itausa.**

CAPÍTULO 5

Com a corrupção a Petrobras entrou num processo acelerado de desvalorização

Em 2014, a Petrobras chegou a ser considerada, no ranking da revista Forbes, como a maior do Brasíl e a 30ª do mundo. Este ano, de acordo com a revista Exame, a estatal brasileira caiu quase 400 posições no ranking e ocupa agora a de número 416. Entre as maiores do Brasil, ela está atualmente em quarto lugar, devido aos escândalos contábeis e de corrupção, cujas apurações encontram-se em andamento.

Petróleo Brasileiro S.A, a Petrobras, é uma empresa de capital aberto, cujo acionista majoritário é o governo. É, portanto, uma empresa estatal de economia mista. Com sede no Rio de Janeiro, opera atualmente em 17 países, segundo dados divulgados no site da empresa em setembro de 2015. Antes da crise detonada pela chamada operação Lava Jato, a atuação era em 25 países. De acordo ainda com dados da empresa, em maio de 2014, tinha 86.111 empregados.

Em agosto de 2015, a empresa divulgou para a imprensa o resultado do primeiro semestre, com O lucro líquido do 1S-2015 foi de R$ 5.861 milhões, 43% inferior em relação ao 1S-2014.. O lucro operacional do 1S-2015 alcançou R$ 22.822 milhões, 39% superior em relação ao 1S-2014.

A empresa foi instituída em 3 de outubro de 1953 e deixou de monopolizar a indústria petroleira no Brasil em 1997, mas continua a ser uma importante produtora de petróleo, com uma produção diária de mais de 2 milhões de barris (320 mil metros cúbicos). A multinacional é proprietária de refinarias, petroleiros e é uma grande distribuidora de derivados de petróleo. A Petrobras se tornou líder mundial no desenvolvimento de tecnologia avançada para a exploração petrolífera em águas profundas e ultra-profundas.

Em 2011 a Petrobras figurava em quinto lugar na classificação das maiores petrolíferas de capital aberto do mundo. Em valor de mercado, era a segunda maior empresa do continente americano e a quarta maior do mundo, no ano de 2010. Em setembro de 2010, passou a ser a segunda maior empresa de energia do mundo, sempre em termos de valor de mercado, segundo dados da Bloomberg e da Agência Brasil.

Na atual conjuntura, é difícil avaliarmos a situação da Petrobras. Segundo a revista Exame, desde 2008, a empresa perdeu quase 400 bilhões de reais de valor de mercado e sua dívida, de 300 bilhões de reais, é a maior entre as principais petroleiras do planeta. A produção não cresce desde 2011.

Porém, em outubro de 2010 a empresa ficou conhecida internacionalmente por efetuar a maior capitalização em capital aberto da história: 72,8 bilhões de dólares. Em 2014 a Petrobras teve um prejuízo de 21,587 bilhões de reais, o maior prejuízo desde do ano de 1986 e o primeiro prejuízo da empresa desde 1991. A perda de dinheiro por causa corrupção em 2014 foi de 6,194 bilhões de reais. Estes dados são de setembro de 2015.

Como surgiu

Getúlio Vargas sancionou a Lei Federal 2004 em 3 de outubro de 1953. Após a Segunda Guerra Mundial iniciou-se no Brasil um intenso debate sobre a melhor maneira de explorar o petróleo no país. O assunto era polêmico uma vez que envolvia diversos aspectos políticos, tais como a soberania nacional, a importância dos recursos minerais estratégicos, a política de industrialização e os limites de atuação das empresas multinacionais no país, e foi um dos mais marcantes na História do Brasil nas décadas de 1940 a 1960. Para debatê-lo, constituíram-se dois grupos com posições distintas: um que defendia a abertura do setor petrolífero à iniciativa privada, nacional e estrangeira, e outro, que desejava o monopólio estatal do petróleo.

Ao ser promulgada, a Constituição brasileira de 1946 estabelecia que a regulamentação sobre a exploração de petróleo no país fosse feita por meio de lei ordinária, criando assim a possibilidade da entrada de empresas estrangeiras no setor petrolífero.

História

Em 1948, o então presidente da República, Eurico Gaspar Dutra, enviou ao congresso um anteprojeto do Estatuto do Petróleo que, se aprovado, permitiria a participação da iniciativa privada na indústria de combustíveis. À época não existiam no país empresas nacionais com recursos financeiros, nem com tecnologia necessária, para a exploração de petróleo. Isso levou a que os chamados "nacionalistas" não concordassem com aquele anteprojeto de lei, por entenderem que a sua aprovação significaria simplesmente a entrega da estratégica exploração do petróleo brasileiro aos interesses das multinacionais: a produção mundial de petróleo era, naquela época, dominada por um oligopólio constituído pelas chamadas "Sete irmãs", das quais cinco eram americanas.

Para defender a tese do monopólio estatal do petróleo organizaram um amplo movimento popular, a campanha "O petróleo é nosso!", em que se destacou, entre outros, o nome do escritor Monteiro Lobato. A mobilização popular conseguiu impedir a tramitação do Anteprojeto do Estatuto do Petróleo no congresso e muito contribuiu para a aprovação da Lei 2004 de 3 de outubro de 1953, que estabeleceu o monopólio estatal do petróleo e instituiu a Petrobras.

A empresa foi instituída pela Lei nº 2004, sancionada pelo então presidente da República, Getúlio Vargas, em 3 de outubro de 1953. As operações de exploração e produção de petróleo, bem como as demais atividades ligadas ao setor de petróleo, gás natural e derivados, à exceção da distribuição atacadista e da revenda no varejo pelos postos de abastecimento, foram conduzidas pela Petrobras de 1954 a 1997, período em que a empresa tornou-se líder na comercialização de derivados no país.

Nos primeiros anos a companhia frustou as expectativas com descobertas tida como promissoras: em 1955 jorrou petróleo em Nova Olinda do Norte, às margens do Rio Madeira. Ali foram abertos três poços que não se mostraram em condições de produzir. Outro achado foi na Bacia do Tucano, no Maranhão que igualmente não se mostrou produtivo.

Depois de exercer por mais de 40 anos, em regime de monopólio, o trabalho de exploração, produção, refino e transporte do petróleo no Brasil, a Petrobras passou a competir com outras empresas estrangeiras e nacionais em 1997, quando o presidente Fernando Henrique Cardoso sancionou a Lei N° 9.478, de 6 de agosto de 1997. Tal lei regulamentou a redação dada ao artigo 177, §1º da Constituição da República pela Emenda Constitucional nº9 de 1995, permitindo que a União contratasse empresas privadas.

A partir daí foram criadas a Agência Nacional do Petróleo (ANP), responsável pela regulação, fiscalização e contratação das atividades do setor e o Conselho Nacional de Política Energética, órgão encarregado de formular a política pública de energia.

Em 2000, foi lançado o Procap 3000 (Programa Tecnológico da Petrobras em Sistemas de Exploração em Águas Ultraprofundas), o marco para chegar à descoberta do Pré-Sal. Em 2001, a empresa recebeu da Agência Nacional do Petróleo, Gás Natural e Biocombustíveis (ANP) a concessão para explorar o bloco BM-S-10 na Bacia de Santos, onde perfuraria o primeiro poço do Pré-sal, com mais de 5 mil metros de profundidade.

Em 2002, aconteceu a compra da Perez Companc Energía (Pecom Energía S.A.), a segunda empresa petroleira da Argentina, com operações na Bolívia, Peru, Venezuela e Brasil. Em 2003, a Petrobras dobrou a sua produção diária de óleo e gás natural, ultrapassando a marca de 109 milhões de barris, no Brasil e no exterior.

Em 2004, a Petrobras assinou um contrato para explorar um bloco petrolífero no Irã, onde investiu 178 milhões de dólares até devolver a concessão, em 2009.

A partir de 2005, a Petrobras chegou pela primeira vez na camada do Pré-sal, com a perfuração de poço de 6 915 metros de profundidade, no bloco BM-S-10 na Bacia de Santos, ainda em caráter experimental (não comercial), com a retirada de petróleo considerado de boa qualidade.

Em 2006, o Brasil alcançou a autossuficiência temporária em petróleo e iniciou-se a produção da plataforma P-50, no Campo de Albacora Leste, na Bacia de Campos. Em abril do mesmo ano, o então presidente Luiz Inácio Lula da Silva deu início à produção da plataforma P-50, no Campo de Albacora Leste, na Bacia de Campos. Nesta época, após 53 anos de operação e trabalho da empresa, o Brasil chegou a atingir uma temporária autossuficiência em petróleo, posteriormente perdida devido ao aumento de consumo.

Em 2007, foi descoberta pela estatal a maior jazida de óleo e gás natural do país, no campo petrolífero de Tupi, na Bacia de Santos, com volume de aproximadamente 5 bilhões a 8 bilhões de barris, ou 12 bilhões de barris de óleo equivalente (boe - medida que engloba óleo e gás). No ano seguinte, a Petrobras ficou em primeiro lugar no ranking como a petroleira mais sustentável do mundo, com a pontuação de 92,25%, conforme pesquisa da Management & Excellence (M&E). Foram descobertas as acumulações de óleo leve de Tiro-Sídon, em águas rasas na Bacia de Santos, e em 2 de setembro do mesmo ano, o navio-plataforma P-34 iniciou a primeira produção no pré-sal no campo de Jubarte, na Bacia de Campos, no litoral sul do estado do Espírito Santo. A produção iniciou-se através do poço 1-ESS-103A, com um volume diário de 18 mil barris.

Em 2009, a empresa passou do vigésimo para o quarto lugar entre as empresas mais respeitadas do mundo, de acordo com o Reputation Institute e, em maio do mesmo ano, iniciou a produção de petróleo em Tupi, com uma interrupção em julho e retomada em setembro.

Em 2014, a Petrobras devolveu a área em que realizou a primeira perfuração do pré-sal. O bloco BM-S-10, na Bacia de Santos, foi entregue à Agência Nacional do Petróleo, Gás Natural e Biocombustíveis (ANP), após a estatal não ter cumprido os prazos para declaração de comercialidade da área.

Além das atividades da holding, o Sistema Petrobras também inclui subsidiárias - empresas com diretorias próprias, interligadas à sede. Além disso, há o Centro de Pesquisas Leopoldo Américo Miguez de Mello (CENPES), que adquiriu renome internacional nas últimas décadas pelas tecnologias que desenvolve.

Em 2006, a Petrobras entrou para o seleto grupo de empresas cujo valor de mercado em bolsa superava cem bilhões de dólares. A empresa estatal Petrobras foi a empresa de capital aberto mais lucrativa da América Latina nos nove primeiros meses do ano de 2007, constatou a consultoria Economática. De janeiro a setembro desse ano, a Petrobras lucrou 8,951 bilhões de dólares. O segundo lugar foi da mineradora Vale do Rio Doce, com 8,481 bilhões de dólares.

Em 21 de maio de 2007, a Petrobras foi eleita a oitava companhia mais respeitada do mundo segundo o Reputation Institute .O valor das ações da Petrobras subiu 1200% entre maio de 1997 e junho de 2007 e a empresa obteve um lucro recorde em 2006 de 25,9 bilhões de reais, ano em que se tornou a oitava maior empresa de petróleo do mundo.

No dia 8 de novembro de 2007, após o anúncio da descobertas das reservas de Tupi,[42] o valor internacional de mercado da Petrobras subiu R$ 48,3 bilhões (28,3 bilhões de dólares) num único dia, com a confirmação da megarreserva de petróleo leve na Bacia de Santos. Seu novo valor internacional de mercado, 385,1 bilhões de reais (221,9 bilhões de dólares),[43] alçou então a Petrobras à sexta posição entre as maiores companhias nos Estados Unidos, à frente de gigantes como Procter & Gamble, Google, Berkshire Hathaway e Cisco Systems.[43]

Em 2008 a Petrobras ultrapassou a Microsoft, tornando-se a terceira maior empresa do continente americano em valor de mercado, segundo a consultoria Economática. No mesmo ano, a estatal tornou-se a terceira empresa mais lucrativa das Américas, exceto o Canadá, superando a Vale.

Em setembro de 2010, de maneira a conseguir financiamento próprio para a exploração da camada de pré-sal, a Petrobras realizou uma capitalização de 120 bilhões de reais, através da oferta de ações no mercado financeiro, a maior já realizada no mundo.

Em agosto de 2011 a empresa quebrou mais dois recordes de lucro líquido, 10,94 bilhões de reais no segundo trimestre do ano, e também o recorde de 21,9 bilhões de reais no primeiro semestre do ano. Em outubro de 2013, a empresa foi classificada como a mais endividada do mundo, segundo relatório do Merrill Lynch.

E o futuro?

Em coletiva à imprensa, no final de junho de 2015, a Petrobras anunciou seu plano de negócios em que prevê ganhos de US$ 42,6 bilhões entre 2017 e 2018 com esforços em reestruturação de negócios, desmobilização de ativos e desinvestimentos adicionais.

A estatal anunciou, ainda, que prevê adotar medidas de otimização e ganhos de produtividade para reduzir gastos operacionais.

Para muitos, ainda um sonho peofissional

Na 14ª Edição da Pesquisa Empresa dos Sonhos dos Jovens, realizada pela Cia de Talentos e Nextview People, em 2015, a Petrobras é, ao lado da Oderbrecht, uma das mais apontadas pelos brasileiros. Só perde para o Google como a empresa mais sonhada por quem busca um bom emprego.

"Os jovens acreditam que a corrupção é uma escolha do profissional e não necessariamente uma decisão corporativa. Para eles, empresas como Petrobras e Odebrecht são maiores do que a eventual conduta de alguns de seus funcionários. O que vale é sua história, o legado que essas organizações geraram para o país, além da enorme possibilidade de crescimento e desenvolvimento que elas propiciam para seus colaboradores", explicou Maíra Habimorad, dirigente da Cia de Talentos.

CAPÍTULO 6

No comércio varejista a competição é acirrada e depende de soluções inovadoras

De acordo com uma pesquisa realizada junto a 27 vencedores do Prêmio Conceito Varejisa 2010, de Blumenau, a maioria investe rotineiramente em campanhas de marketing e em treinamentos e capacitação profissional de seus colaboradores.

As empresas pesquisadas consideram-se eficientes e competentes no que diz respeito à estrutura física de seus comércios. Boa parte (35%) crê que o bom atendimento foi o que mais contribuiu para a conquista do prêmio. A causa do sucesso dessas empresas é uma conciliação dos recursos financeiros, humanos e de materiais.

Grande parte das empresas opera em um ambiente extremamente competitivo, o que é normal nos diversos tipos de varejos existentes. Temos que destacar no resultado o número e níveis de concorrência, níveis de comunicação com o mercado entre concorrentes, maior ou menor poder financeiro ou de barganha, entre outros.

Segundo o mesmo estudo, o diferencial pode estar nas técnicas de abordagem mercadológica inovadoras. Conferem grandes oportunidades de diferenciação às empresas inovadoras, que conseguem fortalecer as áreas ou formas de operar que estejam alinhadas aos anseios do mercado.

O grande desafio para a escalada do sucesso está em reconhecer, no emaranhado de possibilidades e limitações, quais aspectos devem ser fortalecidos e quais devem ser evitados ou eliminados ou, ainda, combinados,

Quais são as práticas, estratégias ou diferenciais? Que empresas são mais lembradas pelo público em cada segmento?

Capacitação e competitividade

Um detalhe importante é o investimento em capacitação profissional, plano de cargos e salários, rotatividade de colaboradores, mix de produtos, preços e formas de pagamento, investimento em estrutura física, em atendimento ao público consumidor e em comunicação e marketing.

Os pesquisadores analisaram a competitividade de mercado, a orientação em marketing, a segmentação de mercado, a competitividade em varejo e em marketing de varejo e de serviços.

O trabalho considerou que o ambiente empresarial e social em sua totalidade está cada vez mais adquirindo complexidade e exige muita criatividade e rapidez dos atores sociais. Entende-se que a competitividade torna-se inevitável.

Vamos lembrar que a competitividade é a característica ou capacidade das organizações em cumprir a sua missão com mais sucesso que as organizações competidoras. É a capacidade de satisfazer as necessidades e expectativas dos clientes. A competitividade é frequentemente observada no contexto da economia de mercado. Neste sentido, a competitividade empresarial visa à obtenção de uma rentabilidade superior aos rivais no mercado.

É possível imaginar que, embora as variáveis do ambiente externo sejam consideradas incontroláveis, a gestão pode e muito contribuir para aproveitar suas oportunidades ou amenizar suas ameaças, influenciando decisivamente os fatores de competitividade.

As vantagens competitivas podem ser divididas genericamente em quatro principais ou mais importantes:

1. **Qualidade:** os produtos ou serviços precisam evitar o desperdício e dar menos trabalho para o cliente.

2. **Velocidade:** a produção precisa ser rápida para atender logo à necessidade dos clientes.

3. **Flexibilidade:** alterar o que for necessário para atender os clientes de maneira mais rápida e eficaz.

4. **Custo:** os seus produtos ou serviços precisam ser os mais baratos.

Marketing

A divulgação, ou seja, o marketing, é fundamental neste processo, como estratégia para promover a proposta de diferencida das empresas e sua competitividade.

Lembramos que aqui a definição do professor americano de marketing, Philip Kotler, que em uma de suas publicações disse que "é a ciência e arte de explorar, criar e proporcionar valor para satisfazer necessidades de um mercado-alvo com rentabilidade".

A busca da diferenciação, portanto, consiste na articulação inteligente e orientada dos fatores estratégicos de marketing.

A segmentação de mercado é talvez uma das questões mais importantes a ser definida, pois dela derivam muitas outras variáveis.

De acordo com o mesmo estudioso americano, "segmentação de mercado é a subdivisão de um mercado global em vários mercados menores (nichos de mercado), com características similares, a partir de algumas variáveis".

A segmentação de mercado é de grande importância para a articulação do composto mercadológico, conhecido como os 4 Ps de marketing: produto, preço, praça e promoção.

"Os 4 Ps são ferramentas utilizadas pelos administradores de marketing para satisfazer as orientação em marketing, segmentação de mercado e o composto mercadológico. Devem ter como meta as necessidades e desejos dos clientes, bem como auxiliar a empresa alcançar os seus objetivos estabelecidos .

A pesquisa de marketing ou de mercado é importante na busca da competitividade. Saber o que pensa, quais são os hábitos de consumo, bem como quais são as preferências e os valores do público-alvo, representa sem dúvida uma variável indispensável nos dias atuais.

Em um mercado cada vez mais competitivo, é imprescindível buscar informações sobre questões diversas, relativas às atividades da empresa e aos desafios enfrentados por elas todos os dias. Portanto, os processos científicos de pesquisa de mercado ou pesquisa de marketing são necessários para que melhores resultados sejam obtidos pelas organizações.

Nos varejos, esta necessidade não é diferente, ainda mais levando em consideração que o varejo representa o elo final de contato com os consumidores.

O varejo é considerado o elo final com o consumidor, aquele que faz a última ponte para que o produto ou serviço chegue até o público-alvo. Existe um nível considerável de empresas concorrentes em todas as áreas do varejo, e aquela organização que souber melhor articular as variáveis do ambiente terá maiores chances de sucesso.

Para alcançarem as suas metas e seus objetivos as organizações varejistas necessitam de um planejamento estratégico sólido, bem elaborado e estruturado que contemple todas as suas necessidades frente ao público-alvo.

O marketing estratégico é parte fundamental do planejamento estratégico das organizações de varejo, pois ele é o responsável por apresentar e levar os produtos ou serviços ao mercado e ao consumidor. É um processo de análise de todas as oportunidades do mercado, escolha do foco e de seus objetivos, desenvolvimento de estratégias comerciais, elaboração de planos comerciais, sua execução e implementação, com o controle de todas estas etapas.

As empresas de varejo devem direcionar seu foco para que tenham a visão e a capacidade de identificar oportunidades. Uma empresa ágil e dinâmica consegue ver oportunidades de marketing nos diversos tipos de varejo existentes, nas adversidades econômicas, entre outras possibilidades e situações. Após identificá-las, a organização deve traçar seus objetivos organizacionais.

Este conceito de visão é de dirigentes de empresas com estrutura de marketing competente e aprimorada, voltada a resultados e ao atendimento de seu cliente. Assim, criam e agregam valor a seus produtos e serviços.

O marketing vai muito além do processo de vendas, pois também é responsável por funções como segmentação de mercado, pesquisa de mercado, propaganda, entre outras funções de crucial importância para o bom recebimento de um produto/serviço pelo mercado.

As empresas devem desenvolver um plano de marketing que crie objetivos, metas e estratégias do composto de marketing em sintonia com o plano estratégico geral da empresa. É toda a relação produto/mercado, que, em conjunto com os outros planos táticos, forma o plano estratégico.

Por isso as estratégias de marketing devem ser coordenadas e planejadas para garantir o alcance dos objetivos e metas do negócio. As estratégias geral da empresa deve formar um vínculo entre os objetivos e o resultado global.

Isso significa que é necessário um planejamento estratégico de marketing que, por sua vez, possa ser dividido em dois níveis: tático e estratégico. Sendo o planejamento estratégico de marketing responsável por estabelecer mercados-alvo e a proposta de valor que será oferecido, com base em uma análise de mercado.

Importância do planejamento

Os especialistas na área lembram que a equipe de marketing deve segmentar o mercado, selecionar o mercado-alvo adequado e desenvolver o posicionamento do valor da oferta. A fórmula 'segmentação, seleção de alvo (targeting), posicionamento' é a essência do marketing estratégico.

Concluímos que o planejamento estratégico é de vital importância para qualquer empresa que deseja manter-se competitiva. É o planejamento estratégico de marketing que definirá as estratégias de marketing que serão usadas para que a empresa mantenha seus produtos e serviços no mercado de forma adequada.

O entendimento da rivalidade, do poder do comprador e de outros conceitos presentes numa análise estrutural é fundamental para o desenvolvimento de uma estratégia competitiva.

A ameaça de novos concorrentes com o surgimento de outros integrantes em um setor industrial apresenta variáveis diferentes na participação de mercado. O grau da ameaça depende das barreiras atuais e da reação dos concorrentes. Se as novas barreiras forem muito altas, as novas empresas do ramo encontrarão dificuldades para se firmarem no mercado e não apresentarão grandes riscos aos atuais concorrentes.

O poder de barganha dos fornecedores é fundamental pois eles podem exercer pressão sobre um setor. Conseguem aumentar os preços ou reduzir a qualidade das mercadorias e serviços adquiridos.

Substitutos e concorrência

Quando seu produto ou serviço pode ser substituído facilmente, todo o potencial sofre prejuízo, com a queda do teto de preços. Quanto maior o desempenho oferecido pelo produto, mais certo será o sucesso e o lucro para a empresa.

Devido à rivalidade existente pela disputa da liderança de mercado, os varejos podem usar táticas como as de competição pelo melhor preço, lançamento de produtos e altos investimentos em publicidade.

Poder de barganha

O poder de barganha dos compradores pode ser traduzido como a capacidade de barganha dos clientes para com as empresas do setor. Esta força competitiva tem a ver com o poder de decisão dos compradores sobre os atributos do produto, principalmente em relação à qualidade e o preço.

Os compradores influenciam o mercado ao forçar os preços para baixo, exigir maior qualidade ou serviços melhores. Os consumidores têm a capacidade de acirrar a concorrência em um determinado mercado. O poder de cada grupo de compradores depende das características, do volume e da importância de suas compras em relação ao mercado total.

É importante observar que o reconhecimento da necessidade, coincidente com o início do processo de compra, ocorre quando o consumidor percebe a diferença entre seu estado atual e um estado desejado. Quanto mais intensa a necessidade e quanto mais perdurar, tanto mais forte será o impulso do indivíduo para reduzi-lo por meio da manifestação do comportamento de procura e, finalmente, da aquisição de um objeto que venha a satisfazer sua necessidade.

Comprar ou não; quando comprar; que comprar; onde comprar; e como pagar. Estas são as cinco decisões fundamentais do processo de compra. Essas identificações são de Engel, Blackwell e Miniard, no livro O Comportamento do Consumidor. Muitas vezes esse processo da decisão de compra é abortado por diversos fatores.

As alternativas desejadas não estão mais disponíveis; ocorrem mudança de motivações; as circunstâncias mudam; ou surgem novas informações.

Diante dessas questões, o marketing de relacionamento tornou-se o grande desafio do varejo. Ocorre então a criação e a troca de uma base de clientes leais.

Os estudiosos apontam algumas alternativas que surgem para driblar a situação: venda pessoal; promoção de vendas; e marketing de banco de dados.

Uma estratégia muito eficaz é a experimentação, com introdução de propaganda; incentivos em preço; prêmios; e amostra.

Para alcançar o público-alvo, surge a combinação de métodos, que inclui de marketing direto contemplando vendas diretas, anúncios de mala direta, catálogos de mala direta, telemarketing, anúncios de resposta direta e mídia eletrônica interativa.

Para que se possa compreender melhor o processo de marketing de varejo, vamos relembrar o conceito do que é varejo. Esse tipo de negócio inclui um processo de compra de produtos em quantidades relativamente grande dos produtores atacadistas e outros fornecedores e posterior venda em quantidades menores ao consumidor final.

Um conceito mais amplo define o varejo como um sistema que engloba todas as atividades do processo de venda de produtos para atender à necessidade individual do consumidor final. Varejista é a organização cuja atividade principal é a comercialização de produtos ou serviços, em que assume o papel de intermediário. Se encarrega da distribuição de bens e serviços entre produtor ou fabricante e o consumidor final.

Atualmente o marketing de varejo é uma eficiente arma utilizada pelo comércio para atrair novos clientes e consumidores de seus produtos ou serviços. Utiliza-se cada vez mais de ações de marketing para conquistar e atender às exigências do mercado consumidor.

Entre medidas eificientes do marketing de varejo, podemos destacar as lojas que montam vitrines bem decoradas, que podem ressaltar épocas festivas e especiais do ano ou apenas ressaltar o produto em questão. Outros recursos, como uma iluminação adequada e bem planejada, podem ajudar no visual do ambiente; cores e aromas que mexem com os sentidos do cliente; e promoções especiais de vendas.

De todas as ações de marketing apresentadas, as promoções de vendas tem sido de suma importância para os lojistas, sendo um importante instrumento para o desenvolvimento e sobrevivência do varejo.

Sidney Aparecido de Oliveira

CAPÍTULO 7

O segmento de varejo que mais cresce é o das redes de drogarias

Raia Drogasil e Drogaria São Paulo figuram, respectivamente em 10º e 11º lugares no ranking dos maiores varejistas do Brasil, relacionados pela revista Exame. Cada um de seus faturamentos superam 7 bilhões de reais e suas redes empregam, juntas, aproximadamente 50 mil funcionários, em quase duas mil lojas. Esse ranking inclui todo tipo de comércio varejista, de supermercados a lojas de eletrodomésticos, eletrônicos e grandes magazines.

A expansão do setor se explica pelo envelhecimento da população brasileira e o comportamento da renda das famílias. A Associação Brasileira de Redes de Farmácias e Drogarias (Abrafarma), que reúne as 29 maiores redes do país, calcula que as líderes do setor juntas ampliem o total de lojas numa média de 10% ao ano.

Nesse cenário de gigantes com faturamentos bilionários, a Ultrafarma está em um patamar com muitos zeros a menos. Porém, desponta como a líder em vendas pela Internet e campeã em preços baixos, por conta do destaque dado aos genéricos.

À frente da Ultrafarma está Sidney Aparecido de Oliveira, fundador, presidente e garoto-propaganda da empresa. Ele conta que, em um cenário onde a rejeição dos consumidores aos genéricos era muito grande, não pensou duas vezes antes de colocar o próprio rosto no logo da empresa. "Quando ia fazer inserção de merchandising nos programas populares de televisão, dizia: 'O dono da Drograsil e da Drogaria São Paulo você não sabe quem são, mas o da Ultrafarma você sabe'." Foi assim que ele conquistou a clientela.

Oliveira conta com mais de dois milhões de clientes ativos, cerca de 15 mil produtos disponíveis e faturamento estimado de R$ 700 milhões em 2014. Tem uma "linha" de suplementos, vitaminas e minerais batizada com seu nome. Teve a ideia durante uma das caminhadas que costuma fazer diariamente em sua chácara. "Foi um estalo. Depois que pensei na 'linha', levei menos de um ano para viabilizar a comercialização." Vendidos ao preço único de R$ 9,99, a "linha" conta com mais de 100 tipos diferentes de produtos e é considerada a maior do país nesse segmento.

Até recentemente, Sidney comandou pessoalmente a direção da Ultrafarma, segundo publicação da revista Poder. Só a partir de 2012, modernizou a gestão. Contratou ex-diretores da consultoria Terco – adquirida em 2010 pela EY, uma das maiores do mundo na prestação de serviços de consultoria e auditoria.

A única coisa que esse empresário vitorioso não deixa outra pessoa fazer é negociar a compra de remédios com os laboratórios. Conhecido no mercado por seu jeito implacável, ele garante que já levou para a Ultrafarma medicamentos com desconto de 99%. "As grandes redes só compram remédios a um ano do vencimento, no máximo. Eu ganho justamente aí, porque compro medicamentos com o prazo de validade mais curto", explica. Ele garante que todos os medicamentos que estão a três meses de vencer são comercializados com aviso no site da Ultrafarma.

Atualmente a RaiaDrogasil é a maior empresa farmacêutica no Brasil e da América Latina. A empresa foi formada em 11 de novembro de 2011 a partir da fusão das empresas Droga Raia e Drogasil.

Com 1.091 lojas, a rede emprega 23.675 funcionários e contabilizou

7,6 bilhões em faturamento. A Droga Raia começou como farmácia artesanal, em 1905, na cidade de Araraquara, interior de São Paulo. Drogasil surgiu em 1935, com a junção da Drogaria Bráulio e Drogaria Brasil.

Ainda na disputa das gordas fatias desse mercado promissor, a gigante americana CVS Caremark Corp comprou, em 2013 a Drogaria Onofre e negocia com Drogaria Pacheco São Paulo), uma das maiores no setor, depois da fusão da carioca Pacheco com a rede paulista.

CAPÍTULO 8

Um livro que analisa as práticas adotadas por empresas exemplares

O que leva uma empresa a ser considerada exemplar, um modelo a ser seguido? Quais são as práticas e os princípios de empresas duradouras e inovadoras? Assim como as empresas às quais se referem, tais questões também parecem ser à prova do tempo. Histórias de sucesso fascinam a todos.

Práticas Bem Sucedidas de Empresas Visionárias é um livro que aponta os itens mais importantes na escalada do sucesso. Os autores são os professores James Collins e Jerry Porras, da Universidade de Stanford, nos Estados Unidos.

Durante seis anos, eles estudaram minuciosamente a história de dezoito empresas de primeira linha, como 3M, General Electric e Procter & Gamble, entre outras. Sua importância? Veja a opinião do de Tom Peters, conhecido como guru de gestão empresarial: "O livrto transformou-se num marco que nos revela os processos que levam as empresas a obter sucesso duradouro num ambiente caótico."

Ele já foi traduzido para doze idiomas, entre eles o português. Collins já fez centenas de palestras para públicos de vários lugares do mundo, do Canadá à Austrália, de Israel à Holanda.

No entender dos autores, "as reflexões sobre as práticas que tornam uma empresa permanentemente vitoriosa são como as companhias que as adotam: feitas para durar."

Tente pensar em cinco a dez empresas que satisfaçam os seguintes critérios: Ser a líder em sua área. Ser objeto de admiração ampla e irrestrita. Ter deixado uma marca indelével no mundo em que vivemos. Ter passado por vários ciclos de vida de seus produtos ou serviços.

Em seguida, os autores sugerem ao leitor a conferir a lista que elaboraram. E pede para ver que pontos têm em comum. Sugere verificar em que elas diferem de outras empresas que tiveram as mesmas oportunidades, mas não atingiram a mesma estatura.

As companhias visionárias são mais do que bem-sucedidas. Na maioria dos casos, são o melhor do melhor de suas indústrias, e já o são há décadas. Muitas delas funcionam como ícones na prática da administração de empresas, em nível mundial.

Eles observam que "apesar de serem tão extraordinárias, as empresas visionárias não possuem históricos perfeitos, totalmente livres de falhas."

Em seguida, relacionam os problemas enfrentados por empresas como Boeing ,3M, Sony, Ford e IBM. Ressalta que "as empresas visionárias demonstram notável capacidade de dar a volta por cima das adversidades - e esse é um ponto crucial."

As empresas visionárias se entremearam à própria textura da sociedade. Nesse aspecto, lembra: "tente imaginar o mundo sem fita adesiva Scotch nem papeizinhos adesivos 3M Post-It para colar recados em qualquer lugar, sem o Boeing 747, sem cartões American Express, sem Band-Aids da Johnson & Johnson, sem lâmpadas GE, calculadoras HP, computadores IBM."

O mais instigante, porém, é entender por que essas empresas se distinguiram. Por onde começaram? E, depois de grandes, quais características possuíam em comum que as distinguissem de outras grandes empresas?

O que seu desenvolvimento pode ensinar de útil para pessoas interessadas em criar, erguer e manter empresas do mesmo tipo? As respostas a essas perguntas são sugeridas por uma dúzia de mitos muito comuns, que a pesquisa para o livro, acabou jogando por terra.

Os doze mitos que são o ponto alto da obra.

1. Para fundar uma grande empresa é necessária uma grande ideia. Na realidade, começar uma empresa a partir de uma grande idéia pode não ser boa ideia. Na verdade, algumas das empresas visionárias começaram sem nenhuma ideia específica, e algumas começaram como fracassos declarados.

Aí, eles lembram que apenas três das empresas visionárias que estudamos começaram com um produto ou serviço inicial específico, inovador e bem-sucedido: a Johnson & Johnson, a General Electric e a Ford.

2. As empresas visionárias requerem líderes carismáticos. Na opinião deles, um líder desse tipo pode acabar até sendo prejudicial às perspectivas de longo prazo da empresa.

3. O intuito primordial das empresas mais bem-sucedidas é maximizar seus lucros. A seu ver, lucros não são o principal objetivo das empresas visionárias. Elas buscam alcançar um conjunto de metas, das quais ganhar dinheiro é apenas uma e nem sempre a primeira. Elas são igualmente guiadas por sua ideologia central: seus valores centrais e um sentido de meta que ultrapassa a ideia de meramente ganhar dinheiro.

4. As empresas visionárias têm os mesmos valores centrais. Sobre esse mito, concluem que não há nenhum conjunto de valores fundamentais necessários para uma empresa ser visionária.

Para eles, as empresas visionárias não perguntam: "O que devemos valorizar?" Elas perguntam: "O que valorizamos realmente, totalmente, ao máximo?".

Seguindo a análise do livro, a Johnson & Johnson e a Wal-Mart fizeram dos clientes a parte fundamental de sua ideologia. Outras, como a Sony e a Ford, não o fizeram. Algumas empresas, como a Hewlett-Packard e a Marriott, fizeram da preocupação com os funcionários parte fundamental de suas ideologias. Outras, como a Disney, não. Para algumas empresas, tais como a Ford e a Disney, seus produtos ou serviços constituem parte básica de sua ideologia fundamental. Para outras, como o Citicorp, não o são. No caso de algumas empresas, tais como a Sony e a Boeing, assumir riscos ousados faz parte central de sua ideologia de base; para outras, como a Hewlett-Packard e a Nordstrom, não.

Ainda segundo a conclusão do livro, "na maioria dos casos, o valor mais fundamental pode ser reduzido a uma afirmação de simplicidade penetrante, que funciona como orientação substancial." Os autores sugerem observar como Sam Walton captou a essência do valor número 1 da Wal-Mart: "Colocamos o cliente à frente de qualquer outra coisa. Se você não está atendendo ao cliente ou dando apoio a ele, então não precisamos de você".

Ainda em relação a esse mito, os autores chamam a atenção dos leitores para ver como John Young, da Hewlett-Packard, captou a simplicidade do "caminho HP": "O caminho HP significa, basicamente, respeito e preocupação com o indivíduo. Faça com os outros como você gostaria que fizessem com você".

5. A única constante é a transformação. Na análise do livro, a realidade é outra. Uma companhia visionária conserva sua ideologia fundamental de maneira quase religiosa e praticamente nunca a modifica, se é que alguma vez o faz. Segundo seus estudos, os valores fundamentais continuam inalterados há bem mais de 100 anos. E o objetivo fundamental de uma empresa visionária, sua razão de ser, pode ser o farol que a guia durante séculos.

O livro lembra, em relação a esse mito, que a Walt Disney não relegou sua ideologia fundamental à obra do acaso. Ela criou a Universidade Disney e exigiu que cada funcionário participasse de seminários sobre as "tradições Disney".

6. As empresas de primeira linha são conservadoras. Os autores entendem que as empresas inovadoras podem dar a impressão de serem conservadoras e avessas a assumir riscos, mas elas não têm medo de comprometer-se com metas grandes, audaciosas e difíceis de atingir.

Pode ser uma meta assustadora e arriscada, mas seu componente de aventura, desafio e emoção deixa as pessoas instigadas e cria imenso impulso para a frente. As empresas visionárias costumam fazer uso bem pensado dessas metas para estimular seu próprio avanço em momentos cruciais de suas histórias.

7. As empresas visionárias são ótimos lugares para trabalhar, mas só para quem se ajusta muito bem à sua ideologia. Quem não se adapta é logo eliminado. Não existe meio-termo pois cria entre os funcionários a sensação de que fazem parte de uma organização de elite que é capaz de realizar praticamente qualquer coisa a que se propõe.

Os autores lembram que a crença quase religiosa que a Disney tinha no papel especial que ela desempenha no mundo fortaleceu sua capacidade de concretizar metas radicais, tais como a Disneylândia e o Epcot Center.

8. Um planejamento estratégico brilhante é vital. Os autores contestam esse mito, afirmando que algumas das melhores iniciativas das empresas visionárias decorrem de tentativa e erro, oportunismo e do acaso. Segundo os autores, alguns projetos de sucesso surgiram na base do "vamos experimentar um monte de coisas e ficar com o que der mais certo".

9. Mudanças fundamentais são feitas por forasteiros. Segundo os autores, há apenas dois casos em que esse mito se verificou: a Philip Morris e a Disney. As empresas visionárias rechaçaram repetidas vezes a ideia convencional de que transformações significativas e ideias novas só podem vir de fora da empresa.

Na maior parte dos casos pesquisados, as empresas chamadas visionárias não precisam contratar seus executivos de mais alto escalão de fora da companhia para garantir transformações e ideias novas.

10. A meta é derrotar a concorrência. Na realidade, a concorrência não é o principal foco das empresas bem sucedidas, elas centram suas atenções principalmente na meta de se superarem.

A tranquilidade não é o objetivo de uma empresa visionária. Na realidade, as empresas visionárias instalam mecanismos fortes para criar desconforto e acabar com a complacência, estimulando dessa maneira sua própria transformação e seu aperfeiçoamento, antes mesmo do mundo externo começar a exigir isso delas.

11. Dois proveitos não cabem num saco só. Segundo o estudo, empresas visionárias não aceitam a imposição de terem de optar entre estabilidade ou progresso, entre culturas que enaltecem a empresa ou a autonomia individual, entre executivos vindos de dentro da própria empresa ou mudanças fundamentais, entre práticas conservadoras ou grandes metas, entre ganhar dinheiro ou viver segundo seus valores e metas.

Essas empresas preferem buscar a e b ao mesmo tempo. Será que essa posição é irracional? Possivelmente. Raramente encontrada? Sim. Difícil? Sem dúvida. Mas, como observou o escritor F. Scott Fitzgerald, "o teste da inteligência de primeira linha é a capacidade de reter duas idéias opostas na cabeça ao mesmo tempo, e mesmo assim conservar a capacidade de funcionar". É exatamente isso que as empresas visionárias conseguem fazer.

12. É necessária uma declaração de metas. Nem sempre as empresas manifestaram declarações de princípios, embora em muitos casos as tenham feito. Tampouco ascenderam à condição de grandeza por terem escrito uma das afirmações de visão, valores, metas, missão ou aspirações popularizadas entre as esferas de direção das empresas nos dias de hoje, embora tenham escrito tais afirmações décadas antes disso entrar na moda.

Se prender a uma afirmação pode ser um passo útil na construção de uma empresa visionária, mas é apenas um entre os milhares de passos que compõem o processo infindável de expressão das características fundamentais que são comuns a todas as empresas visionárias. A conclusão, é a de que uma empresa visionária é como uma grande obra de arte. A comparação remete a cenas da criação do mundo que Michelangelo pintou no teto da Capela Sistina e na estátua de Davi. Cita também um romance clássico, como Crime e Castigo. Não dá para apontar uma característica única que faz o conjunto todo funcionar. É a obra como um todo, todas suas partes juntas, trabalhando para criar um efeito global, que criam a grandeza duradoura.

A obra reúne conclusões de uma pesquisa realizada em empresas 'excepcionais e duradouras' , algumas com quase cem anos de existência e desempenho superior ao da média do mercado acionário desde 1926. E mostra os fatores que as levaram a se tornar líderes em seus setores.

O livro traça o perfil histórico, estrutural, filosófico e a performance dessas empresas, apresentam um comparativo entre as chamadas 'empresas visionárias' - instituições líderes - e aquelas consideradas bem-sucedidas.

CAPÍTULO 9

Uma central de atendimento que faz a intermediação e atende o cliente

Empresas vitoriosas abrem suas portas ao cliente. Criam canais para a comunicação com o consumidor. As empresas precisam estar sempre prontas a ouvir, informar, esclarecer, orientar. É neste processo que se destaca a importância de um call center ou contact center. Grande parte das empresas de grande e médio portes optam por contratar um call center terceirizado para dar fluxo a esse serviço. São elas que atendem e fazem a triagem das ligações para o SAC, o Serviço de Atendimento ao Cliente para encaminhar ao setor especializado.

Em muitos casos, os call centers atendem também vendas de produtos como gás de cozinha e até assinaturas de revistas. Quando a gente liga para tirar dúvidas sobre alguns serviços públicos, é um operador de call center quem nos atende. Essas centrais ficam espalhadas por todo o Brasil. Você poderá perceber as diferenças regionais pelo sotaque do atendente. Estranhará quando dá o seu endereço, uma rua muito conhecida em sua cidade, e a pessoa, do outro lado da linha, nem sabe a pronúncia correta.

Call center é uma central de atendimento que intermedia o contato entre o cliente e a empresa. É uma expressão do inglês call (chamada) center ou centre (central). Funciona como suporte técnico ou qualquer outra atividade especializada para atender as necessidades dos clientes.

Mais moderno do que o call center, agora temos também o contact center, cuja atuação é mais ampla pois o atendimento não se limita ao telefone. Faz contato por e-mail, chat, SMS e redes sociais. Call center opera apenas por telefone.

O blog Mundo Call Center explica que existem diversos indicadores (KPI's) para avaliar a qualidade de uma empresa desse ramo. Há parâmetros que verificam o desempenho das máquinas, conforme o percentual de retenção na URA (Unida de Resposta Audível) e, há os que avaliam o desempenho das pessoas, como a Monitoria da Qualidade.

A Monitoria da Qualidade avalia a qualidade do serviço prestado pelos atendentes ao cliente final, geralmente através de amostragem de ligações. Elas são escolhidas aleatoriamente e ouvidas/avaliadas pelos gestores, clientes e monitores da qualidade.

Analisam o processo de comunicação em si, conduta dos atendentes perante o cliente, a aplicação dos procedimentos da campanha/produto em questão e uso de técnicas de vendas/retenção/cobrança, etc.

De acordo com o portal Callcenter.com.br, o setor de contact center é um dos maiores empregadores do país, responsável pela entrada de milhares de pessoas no mercado de trabalho. O setor emprega cerca de 1.6 milhão de funcionários, de acordo com projeção da E-Consulting.

Dados levantados na pesquisa desenvolvida pelo Centro de Inteligência Padrão (CIP) a respeito de aspectos da gestão de pessoas nas operações terceirizadas, realizada com cerca de 40 contact centers, que representam mais de 60% do faturamento do setor em 2013, revelou que quase 70% dos funcionários são do sexo feminino.

Nota-se, ainda, uma diminuição significativa no quadro de funcionários mais jovens (até 25 anos) e aumentou no número de funcionários com idade entre 26 e 35 anos e com mais de 36 anos.

A mudança contribui para aumentar o nível de escolaridade do setor. A proporção de funcionários com apenas o ensino médio diminuiu, enquanto a de pessoas com ensino superior incompleto aumentou gradativamente desde 2010. "Essa mudança de estratégia acarreta em mais custos, já que se paga um salário maior para o funcionário com mais escolaridade."

Para aumentar a eficiência e produtividade de seus funcionários, as empresas vêm investindo significativamente em treinamento. O treinamento hora/mês aumentou 110% desde 2011. Além disso, a porcentagem do faturamento anual utilizada para o treinamento e desenvolvimento dos funcionários foi de 6% - de cada R$ 100 obtidos em faturamento, R$ 6 vão para treinamento.

CAPÍTULO 10

A preocupação com o meio ambiente tornou-se fundamental

Sustentabilidade empresarial; responsabilidade social, preservação do meio ambiente e reciclagem de resíduos e materiais. São termos que andam na moda. Só que muitas empresas divulgam que seguem esses conceitos apenas para garantir uma boa imagem para seus produtos e serviços. Esse questionamento é levantado pelo site Sua Pesquisa, que utiliza como fontes os livros Empresa Verde e Responsabilidade social empresarial e a sustentabilidade - tecendo relações sociais.

O texto lembra que hoje a preocupação com o meio ambiente e com a forma como as empresas e as comunidades humanas o afetam tornou-se fundamental. Após as constantes catástrofes climáticas, a humanidade percebeu que algo de muito errado acontecia com o planeta e que a causa disso era a forma irresponsável com a qual empresas de todos os portes tratavam o mundo.

Isso fez com que surgissem grupos de consumidores preocupados em reverter esse processo de degradação acelerada. Uma consciência da necessidade de preservação começou a se espalhar pelo mundo.

Sustentabilidade empresarial é um conjunto de ações que uma empresa toma, visando o respeito ao meio ambiente e o desenvolvimento sustentável da sociedade. Logo, para que uma empresa seja considerada sustentável ambientalmente e socialmente, ela deve adotar atitudes éticas, práticas que visem seu crescimento econômico (sem isso ela não sobrevive) sem agredir o meio ambiente e também colaborar para o desenvolvimento da sociedade.

Essa tendência criou um comportamento "politicamente correto" por parte das empresas, ou seja, uma fachada de sustentabilidade empresarial. Esse modismo conduziu muitas empresas a apregoar-se como sustentáveis apenas para conquistar mercado.

Infelizmente, muitas empresas deixaram a ética de lado e começaram a investir em propaganda e em marketing empresarial. O único intento disso era fixar a imagem de uma empresa que segue as boas práticas de sustentabilidade empresarial mesmo que a realidade de suas fábricas e produtos sejam o oposto.

Uma empresa que se finge como sustentável é fruto de uma visão deturpada de empresários acostumados ao oportunismo e que contam com o despreparo do consumidor.

Mas o consumidor brasileiro está cada vez mais atento aos acontecimentos. Passa a detectar as empresas que adotam a sustentabilidade empresarial apenas como forma de impulsionar suas vendas e como uma ferramenta de marketing. Nesse caso, o efeito desabonador e totalmente contrário ao desejado pode ser devastador; especialmente se levarmos em consideração o fato de que essa consciência é criada sempre, primeiramente, nas camadas consumidoras de maior poder aquisitivo e que representam o "filão mais invejado e almejado" do mercado.

Seguir uma política de sustentabilidade é a condição básica para qualquer empreendimento ter sucesso. As necessidades dos consumidores refletem também a sua visão de mundo e a importância que dão as questões sociais e ambientais que os cerca. E para as empresas essa visão deve ser intrinsecamente embutida em seu planejamento e prevista em qualquer estudo de impacto produtivo ou mercadológico.

Top of Mind

Na categoria Meio Ambiente da pesquisa Top Of Mind, realizada pela DataFolha, as campeãs foram Natura, Ypê, Ibama, Greenpeace e Omo. Segundo essa pesquisa, o chamado marketing verde caiu no ano passado: 64% dos entrevistados não se lembraram de nenhuma marca que se identificasse com sustentabilidade.

Natura e Ypê continuam entre as marcas mais lembradas, mesmo que por poucos dos entrevistados. A primeira oscilou de 5% para 4% e a segunda perdeu quatro pontos percentuais em relação a 2013, caindo de 7% para 3%.

Edmar Bulla, diretor-executivo da Croma Marketing Solutions, declarou em entrevista ao portal Uol, que a questão ambiental é cada vez mais relevante para os consumidores. "Os brasileiros querem saber de ações mais efetivas e não empacotadas em campanhas."

Top of Mind é um termo em inglês utilizado na área de marketing empresarial como uma maneira de qualificar as marcas que são mais populares na mente (mind em inglês) dos consumidores. Folha Top of Mind é uma pesquisa realizada anualmente pelo instituto Datafolha, que premia as marcas mais lembradas pela população brasileira.

A criação do ISE

A Bolsa de Valores de São Paulo (Bovespa) criou um Índice de Sustentabilidade Empresarial (ISE). É uma importante ferramenta de análise e comparação das empresas que mantém ações na Bolsa de Valores, visando esclarecer os investidores sobre como estas corporações estão adotando práticas de desenvolvimento sustentável.

O ISE é uma ferramenta para análise comparativa da performance das empresas listadas na BM&FBovespa sob o aspecto da sustentabilidade corporativa, baseada em eficiência econômica, equilíbrio ambiental, justiça social e governança corporativa. Também amplia o entendimento sobre empresas e grupos comprometidos com a sustentabilidade, diferenciando-os em termos de qualidade, nível de compromisso com o desenvolvimento sustentável, equidade, transparência e prestação de contas, natureza do produto, além do desempenho empresarial nas dimensões econômico-financeira, social, ambiental e de mudanças climáticas.

A premissa é que o desenvolvimento econômico do país está intimamente relacionado ao bem-estar da sociedade brasileira e da tendência mundial dos investidores buscarem empresas socialmente responsáveis, sustentáveis e rentáveis para investir seus recursos.

Sua criação foi financiada pela International Finance Corporation (IFC), braço financeiro Banco Mundial, cuja missão é promover investimentos no setor privado de países em desenvolvimento, com objetivo central de reduzir a pobreza e promover a melhoria de qualidade de vida.

A Onu lança guia

O Pacto Global das Nações Unidas lançou recentemente em Nova York o Guia de Sustentabilidade Empresarial: Criando um Futuro Sustentável. A publicação apresenta as cinco principais características que definem a sustentabilidade empresarial e mostra as contribuições práticas da maior iniciativa voluntária para a responsabilidade corporativa. As empresas devem seguir cinco passos:

Negócios baseados em Princípios: Começa com a integridade, com operações que respeitam as responsabilidades fundamentais nas áreas de direitos humanos, trabalho, meio ambiente e combate à corrupção. Os Dez Princípios do Pacto Global fornecem uma linguagem universal para a responsabilidade corporativa e uma estrutura para orientar todas as empresas, independentemente de seu tamanho, complexidade ou localização.

Fortalecimento da sociedade: Empresas sustentáveis olham além de suas próprias paredes e tomam ações para apoiar as comunidades ao redor. Eliminar a pobreza, a força de trabalho sem instrução e a escassez de recursos, também são questões estratégicas para o sucesso dos negócios e sua viabilidade.

Compromisso da Liderança: A direção da empresa deve comunicar para toda sua estrutura que está comprometida com a sustentabilidade. Deve haver um comprometimento público da diretoria.

Relatório de Progresso: Os participantes do Pacto Global devem produzir uma Comunicação de Progresso (COP) anual, uma prova de seus esforços para operar de forma responsável e em apoio à sociedade.

Ação Local: As empresas atuam dentro de nações e comunidades com diferentes expectativas sobre o que significa o negócio responsável. Para ajudar as empresas com a sustentabilidade empresarial em diferentes países, o Pacto Global tem mais de 85 redes locais que apoiam seus signatários através da promoção de aprendizagem, relatórios, networking e promoção de parcerias com o objetivo de promover a compreensão da sustentabilidade em cada país.

Com cerca de 8 mil empresas e 4 mil participantes não-empresariais em mais de 160 países, o Pacto Global da ONU contribui para que as empresas cumpram seus compromissos para operar de forma responsável e apoiar a sociedade..

O Pacto Global conta com um website referencial sobre cidadania empresarial com informações das iniciativas dos escritórios da ONU, eventos programados e informações sobre as empresas signatárias no Brasil e no mundo.

Brasil no ranking internacional

Brasil ocupa 18ª posição no ranking de sustentabilidade pelo Índice Global de Economias Verdes, que foi divulgado no final de 2014 pela consultoria Dual Citizens e publicados na internet pelo Portal Amazônia. O Brasil ficou atrás da Costa Rica, do Peru e da Colômbia e à frente do Reino Unido, da Holanda e dos Estados Unidos.

A pesquisa utiliza 32 indicadores para medir a performance dos países analisados. Esses indicadores são divididos em quatro dimensões: liderança e mudanças climáticas; setores eficientes; mercados e investimento; e capital natural e ambiental.

Além da performance, o relatório também apresenta o ranking de percepção sobre o tema, captado por meio de uma pesquisa feita entre julho e agosto de 2014, com especialistas e pessoas que atuam na área em todos os continentes do mundo. Nesse quesito, o Brasil aparece em 15º lugar, uma posição atrás da Costa Rica, e uma à frente da Índia.

No relatório, o Brasil é citado como um país atrativo para investimentos nas áreas de tecnologias limpas e energias renováveis. A consultoria aponta que, com a abundância em recursos naturais e o crescimento de seu poder econômico, o país poderia assumir uma liderança maior na promoção de um crescimento econômico mais sustentável, que permita o desenvolvimento futuro.

Fabio Coelho

CAPÍTULO 11

O que leva uma empresa a ser considerada boa para se trabalhar

Segundo pesquisa feita pelo instituto Great Place to Work e divulgada em agosto de 2015, as melhores empresas para trabalhar são Elektro, Google e Sama.

Elektro é o consórcio distribuidor de energia que atende 228 cidades, sendo 223 em São Paulo e 5 no Mato Grosso do Sul. Google prestadora de serviços online e software e Sama é uma mineradora que processa amianto e crisotila.

A premiação se dividiu em três categorias: Grandes, com empresas que têm mil funcionários ou mais; Médias Nacionais, com empresas que possuem entre 100 e 999 empregados; e Médias Multinacionais, também com número de funcionários entre 100 e 999. Dentro dessa classificação, A Elektro liderou as grandes, enquanto Google foi a campeã entre as médias multinacionais e Sama, as médias nacionais.

Depois da Elektro, a lista das melhores empresas para se trabalhar, entre as que têm mais de mil funcionários é esta: Caterpillar, Kimberly Clark, Gazin, Sabin, Magazine Luiza, Dell, Alcoa, Embraer, Losango, Toko Marine, Mars, McDonalds, Semar e Monsanto.

Esta é a maior pesquisa de avaliação da confiança dos funcionários com o ambiente de trabalho e análise de práticas de gestão de pessoas do mundo. Para chegar às 135 melhores empresas para trabalhar, a consultoria faz dois tipos de pesquisa: o Trust Index, no qual os funcionários respondem um questionários sobre credibilidade, respeito, imparcialidade, orgulho pela empresa, e o Culture Audit, um questionário respondido pela empresa sobre as práticas culturais. O resultado final soma os dois índices.

Foram classificadas as empresas com maior equilíbrio entre homens e mulheres nos cargos de liderança: 59% dos cargos de gestão são ocupados por homens, contra 41% de mulheres. Em média, as mulheres ocupam apenas 24% das posições de liderança no Brasil.

As consideradas melhores também oferecem aos seus funcionários um plano individual de desenvolvimento/competência e investem em mais de 100 horas de treinamento. Além disso, elas prezam pela qualidade de vida do funcionário: 55% concedem regime de home office, 35% dão possibilidade de horário flexível, 42% oferece avaliação médica e 92% das empresas estimulam prática de atividade coletiva.

O orgulho de trabalhar na empresa foi o quesito mais citado pelos funcionários, citado por 88% dos entrevistados. Em seguida, aparecem: a amizade entre os colegas e sentimento de equipe (85%), credibilidade dos líderes (84%), respeito dos líderes em relação aos funcionários (83%), imparcialidade dos líderes (82%), entre outros.

Ruy Shiozawa, CEO do Great Place to Work Brasil, explica que a pesquisa mostra que as empresas que oferecem melhores ambientes de trabalho aos funcionários também estão superando a atual crise econômica: "Analisamos os dados de faturamento das 10 empresas mais bem posicionadas nos rankings para entender como essas corporações estão se comportando na crise. Juntas, elas faturaram R$ 43 bilhões de reais em 2014, um crescimento de 9% em relação ao ano anterior", conta o executivo. "

Trata-se de um percentual de crescimento noventa vezes maior que o percentual de crescimento de 0,1% do PIB brasileiro. Este ano, com a variação negativa prevista para o PIB, a discrepância será ainda maior."

Entre multinacionais de Médio Porte (30 empresas, de 100 a 999 funcionários), a classificação das campeãs foi assim: Google; Perkins Motores;. JW Marriott Rio de Janeiro;. Renaissance SP;. Duke Energy;. Genzyme;. SAP Labs Latin America; Ace Schmersal;. VMware;. PromonLogicalis.

Na relação das premiadas na categoria médio porte nacionais (30 empresas, de 100 a 999 funcionários), a lista das dez mais foi esta:. Sama; . Dextra;. Consórcio Luiza;. Acesso Digital;. Special Dog;. Radix;. Pormade;. Geneged;. Laboratório Leme;. Unimonte.

De acordo com informação da própria empresa de pesquisas, o trabalho do Great Place to Work começou na década de 80, com Robert Levering, um jornalista que cobria assuntos ligados ao trabalho e especialmente a conflitos trabalhistas. Ele foi convidado para escrever um livro sobre as melhores empresas para trabalhar nos EUA. Sua resposta, à época, foi bem direta: “Não!”. Era impossível escrever este livro pois não existiria, segundo ele, nenhuma boa empresa para trabalhar, na perspectiva dos funcionários (e não dos donos ou executivos).

Outra pesquisa

O site americano Glassdoor, rede social para profissionais, divulgou em dezembro de 2014 o seu ranking das melhores empresas para trabalhar. A lista com 50 empresas é publicada anualmente e é feita a partir da avaliação dos próprios funcionários dessas companhias. Sem muita surpresa, a Google recebeu o maior número de avaliações positivas e ficou no topo da lista.

A empresa de tecnologia foi recomendada por 92% de seus funcionários e recebeu nota média de 4,5 pontos, em uma escala que varia de 0 até 5. O CEO da empresa, Larry Page, recebeu 96% de aprovação positiva. Para o levantamento, foram entrevistados mais de 1.000 funcionários de empresas americanas, a maioria delas multinacionais com escritórios no Brasil.

Em segundo lugar na lista aparece a empresa Bain & Company,

consultoria elogiada por ter funcionários engajados no crescimento da instituição. Na terceira posição ficou a Nestlé Purina PetCare, que produz ração e outros produtos para animais de estimação.

O sonho dos jovens brasileiros

Google lidera o ranking de empresas dos sonhos dos jovens brasileiros. Petrobras e Odebrechet mantiveram 2º e 3º lugar, respectivamente.

A pesquisa ouviu 67.896 mil pessoas, de 17 a 26 anos. Deste total, 84% sonham com empresas com olhar inovador para processos e produtos. Mesmo que tivesse um bom salário, 94% afirmam que sairiam da empresa caso ela não estivesse preparados para desenvolver pessoas.

Entre os participantes, 56% são mulheres e 44% homens. Foram ouvidos jovens em todas as regiões do Brasil, de acordo com a proporção da distribuição de cursos superiores no país: 43% no Sudeste, 22% no Nordeste, 18% no Sul, 10% no Centro-Oeste e 7% no Norte.

As entrevistas foram feitas entre janeiro e abril de 2015, pela Cia de Talentos, consultoria em Recursos Humanos com atuação em toda a América Latina, em parceria com a empresa de pesquisa Nextview People. A metodologia da pesquisa abrange questionários quantitativos e qualitativos.

A PwC (PricewaterhouseCoopers) cresce desde 2013, quando estava em 9º lugar. Ano passado passou para 6º e agora ganhou mais uma posição, ficando em 5º lugar na escolha dos jovens.

Vale e Ambev estão presentes no ranking desde 2009 e este ano subiram posições também. A Vale de 5º para 4º lugar. E a Ambev de 10º para 6º lugar. A novidade no ranking em 2015 é a Rede Globo, que aparece em 10º lugar.

Interessante é que 5 em cada 10 entrevistados ainda não definiram o que caracteriza sua empresa dos sonhos.

Entre os motivos de escolha, os jovens apontaram: desenvolvimento profissional, boa imagem no mercado, fazer o que gosta, desafios constantes; e possibilidade de inovar.

O que mudou de 2014 para 2015 foi a ordem de importância dos motivos "fazer o que gosta" e "possibilidade de inovar". Eles trocaram de posição: possibilidade de inovar aparecia em terceiro lugar, agora aparece em quinto. E fazer o que gosta subiu duas posições.

Para escolher a empresa de seus sonhos, os jovens dizem buscar referência, principalmente, na qualidade de seus produtos e serviços (49%), em redes sociais e na internet (40%), nas iniciativas que a empresa tem no campo social, cultural, ambiental etc (38%), em informações veiculadas na mídia (37%), por comentários de amigos e professores (34%), por pessoas que trabalham naquela empresa (34%), entre outras razões.

"A qualidade gera sensação de ser ouvido, valorizado e cuidado. Aponta também a coerência entre o que a empresa faz e fala. Nas redes sociais, a facilidade de refutar ou endossar uma informação favorece a sua credibilidade. E a responsabilidade social vem ganhando importância ano a ano. A expectativa é de que as empresas façam parte da transformação da sociedade e da resolução dos problemas do país. Há a ideia também de que empresas responsáveis com a sociedade são preocupadas com seus colaboradores", diz Danilca Galdini, sócia-diretora da NextViewPeople.

Confiram o ranking das dez empresas mais sonhadas pelos jovens brasileiros: Google; Petrobras; Odebrecht; Vale; PwC (PricewaterhouseCoopers); Ambev; Nestlé; Itaú; P&G; Rede Globo.

CAPÍTULO 12

Resistência e flexibilidade são características das empresas vencedoras

Elaborar uma receita universal que garanta o sucesso de qualquer empresa é uma tarefa impossível. Isso porque a diversidade de segmentos do mercado, de personalidade de gestores e colaboradores, de quantidade de recursos e de situações possíveis nos negócios é enorme. A seguir 10 características e qualidade, elencadas por especialistas e que são comuns às empresas bem-sucedidas.

1. Resiliência e inovação

Empresa alguma sai do lugar se o seu gestor não tiver a habilidade de persistir nos seus objetivos e contornar as situações que não saem como previsto. É normal que no primeiro momento, vão tentar dissuadi-lo. Ele precisa ter a capacidade de perseguir suas ideias, e ser capaz de se ajustar aos movimentos do ambiente (mercado) e retomar sua posição, ter prejuízos e retomar sua lucratividade, perder talentos e formar novos, enfrentar concorrentes difíceis e achar nichos onde atuar novamente, perder mercado nos produtos tradicionais e inovar criando alternativos

Para manter a resiliência fortalecida, a inovação deve ser uma filosofia constante na empresa. Seja ela focada na organização interna, simplificando os procedimentos de registro de atividades, como também nos processos operacionais, onde as reduções dos ciclos podem eliminar atividades que não agregam valor. É necessária também uma administração orientada para resultados e não tarefas, promovendo a capacitação constante das pessoas e trabalhar com orçamentos bem definidos para manter as estruturas funcionando

2. Resistência e convicção

Resistência para não jogar a toalha quando perde o 1º round da luta, continuar lutando, como fazem alguns lutadores de boxe ou MMA, que levam aquela "surra nos primeiros assaltos (rounds) e depois vencem a luta"..... e como fizeram alguns grupos empresariais brasileiros, que também já passaram por problemas econômicos e financeiros. Entre os quais citamos o GPA (Grupo Pão de Açúcar), que viveu forte crise na década de 80, quando fechou as Lojas Jumbo, reestruturou a gestão com saída de alguns irmãos Diniz e Abíio Diniz assumiu o comando, sendo hoje uma potência econômica nacional e mundial, gerando milhares de postos de trabalho.

O fundamental é saúde corporativa, que se consegue com organização, métodos, processos ajustados e corretos, pessoas treinadas e capacitadas, sistemas funcionais, produtos adequados, um bom planejamento estratégico e políticas comercial e de marketing bem fundamentadas.

3. Manter vínculo firme com o cliente

Se uma companhia conhece bem quem compra seus produtos ou serviços, está no caminho certo para alcançar a eficiência. Muitos fracassam porque imaginam um produto e acham que a sua tarefa é convencer as pessoas a comprá-lo.

Não é isso. A tarefa é identificar as necessidades do cliente e, a partir daí, desenvolver um produto. É o princípio da famosa frase: "foco no foco do cliente."

4. Flexibilidade

Capacidade que permita mudar de rumo, se necessário, inclusive de produto fabricado, como já fizeram grandes corporações mundiais, entre as quais a GE-General Electric, que hoje fabrica locomotivas, turbinas, lâmpadas e outros produtos. As edificações, máquinas, equipamentos e pessoas, o conhecimento, de todos esses elementos, permitem criar produtos inovadores, para novas demandas. A manutenção da flexibilidade começa com investimentos nas pessoas certas, na área de projeto e desenvolvimento, que deve ser focada em inovações, criando novas utilizações dos produtos existentes ou novos produtos com suas matérias primas, equipamentos, tecnologia e conhecimento das suas equipes. É preciso investir continuamente na formação e reciclagem dos conhecimentos dos colaboradores, visitar feiras de negócios no país e exterior, pesquisar novidades tecnológicas em outras fontes.

5. Pensar a longo prazo

Entender que lucro e resultados não aparecem da noite para o dia também é fundamental para que uma empresa se destaque no mercado. Mas a rotina dos executivos às vezes pode ser um empecilho para cultivar o pensamento à longo prazo. Eles são pressionados para entregar resultados a curto prazo. Mas às vezes é preciso abrir mão do lucro momentâneo, ou as demandas do dia a dia que acabam comprometendo o futuro. O imediatismo é perigoso para qualquer tipo de negócio. Há um tempo de maturação que precisa ser respeitado.

6. Adaptação com eficiência

As empresas precisam estar preparadas para se adaptarem quando muda o ambiente, quando surgem novas ameaças internas ou externas, e outras tecnologias no mercado, sejam de fora ou do próprio país. E saber aproveitar as oportunidades internas ou externas do mercado, no momento em que surgem.

Uma adaptação, também passa por investimentos na área de projeto e desenvolvimento, investir nas pessoas e criar uma cultura de velocidade de ações dentro da empresa, de cima para baixo, em todos os níveis. Quando surge uma nova situação de mercado que pode refletir negativamente na empresa, a situação deve ser analisada rapidamente e decisões corretivas tomadas, antes que os reflexos afetem os resultados. E também pelo planejamento e orçamentos de recursos, que permitam ter reservas orçadas, possibilitando investir na mudança de rumo e produtos, se necessário.

Um bom exemplo é a adaptação da fábrica de mesas e cadeiras de Valentim Gentil, cidade do interior do estado de São Paulo, que migrou para o segmento de camas e dormitórios, quando percebeu baixas margens de lucro no ano anterior. E também que o processo tinha muitas etapas com custos adicionais devido ao excesso de operações manuais. Aproveitou sua fábrica, a maior parte dos funcionários e equipamentos, realizando uma transformação com resultados positivos.

7. Investimento em pessoas e capacidade de agregar

Montar uma equipe eficiente é mais interessante do que contratar gente nova a toda hora. Quando um gestor conhece a sua equipe e consegue combinar o seu estilo com o dos colaboradores, deixando claro o que é valorizado na empresa, os resultados vêm com maior facilidade. Basta ver os rankings. Muitas das maiores e melhores empresas são também consideradas as melhores para se trabalhar. As pessoas são parte integrante da estratégia. A capacidade de agregar pessoas, colaboradores, fornecedores e clientes à sua volta, facilita os momentos tortuosos com economia complicada e mercado em queda. É necessário aprofundar raízes na comunidade, ter uma cultura e clima que faça as pessoas se sentirem bem, serem engajadas nos projetos de crescimento ou recuperação.

A capacidade de agregar pessoas e até os "stakeholders" começa por uma boa política de RH e social da empresa, junto aos colaboradores e comunidade local onde está inserida. Passa por dirigentes que devolvam ao local, parte dos resultados em forma de benefícios, sejam sociais ou através de seus colaboradores, com salários adequados, oportunidades de carreira, mecanismos de reconhecimento e valorização.

8. Reinvestimento dos resultados

Segundo os especialistas, destinar uma parte dos lucros para investir na renovação e melhoria das empresas também é chave para a excelência, Uma adaptação do portfólio de produtos e serviços é necessária. É preciso entender que o produto que se produz hoje, não garante seu sucesso daqui a 5 anos.

9. Visão de retorno e não de lucros e prejuízos

Uma companhia que só pensa no que ganha e no que perde no presente e não olha para o que pode vir à frente, cria uma armadilha. O certo é pensar "o que eu tenho que fazer agora" para continuar a ter lucros no futuro? Nenhuma companhia sobrevive e dá resultados durante anos oferecendo exatamente o mesmo produto, o mesmo serviço e trabalhando da mesma forma. É preciso entender a demanda que existe e propor soluções rápidas, inovadoras e práticas o tempo todo.

10. Responsabilidade social e civil

Empresas que pagam os impostos em dia e se preocupam em contribuir para a sustentabilidade - ou se esforçam para causar o menor impacto possível ao meio ambiente - são bem-vistas no mercado. As companhias de sucesso sabem a contribuição que podem dar para a sociedade e agem de maneira ética e responsável.

CAPÍTULO 13

Na Dudalina um exemplo do espírito empreendedor das mulheres

Tudo começou no dia 3 de março de 1957, na pequena cidade de Luís Alves, município próximo a Blumenau em Santa Catarina, com o casal Rodolfo Francisco de Souza Filho (mais conhecido pelo apelido de Duda) e Adelina Clara Hess de Souza, a Dona Lina. Quando ficaram noivos decidiram, entre as juras de amor, que formariam uma família com vinte filhos. Vieram dezesseis (cinco meninas e onze meninos), e para sustentar tanta gente o casal mantinha uma venda de secos e molhados, no andar de baixo da casa em que moravam. Numa das idas a São Paulo para reabastecer o estoque da vendinha, Seu Duda acabou comprando muito mais do que deveria de um tecido. Prejuízo certo em uma época – estamos falando da década de 50 do século passado – em que as coisas não eram tão fáceis e acessíveis como hoje em dia.

Adelina resolveu transformar em camisas para vender aos seus clientes e assim se livrar do prejuízo. Ela descosturou uma camisa que tinha na venda, entendeu como a peça era feita, e, dentro de um quarto de sua casa, começou a costurar, com a ajuda das irmãs Lídia e Gertrudes e, naquela tarde, fizeram três peças. Colocadas nas prateleiras da loja, tiveram saída rápida. Da situação, Dona Lina viu uma oportunidade e o espírito empreendedor da matriarca, então, tomou as rédeas

Sônia Hess

da situação. A venda de secos e molhados, que provinha o sustento à numerosa família, foi deixada de lado, e o casal iniciou uma pequena confecção depois de contratar duas costureiras e transformar um dos quartos em sala de costura, pelo menos durante o dia, quando as camas eram retiradas para dar lugar à confecção. A pequena confecção crescia e a casa da família já não era suficiente para suportar a demanda. Para ter mais espaço, o casal alugou uma casa em frente ao sobrado onde moravam.

Sônia Hess, uma das filhas e presidente da Dudalina desde 2003 lembra-se com clareza de um episódio que a marcou para sempre:

– Mãe, vamos embora...

– Filha, eu só vou embora depois que vender a última camisa. Lembre-se: nós já temos o "não". Precisamos ir em busca do "sim". E assim foi feito. O caminhão só partiu de Doutor Pedrinho, cidadezinha pequena do interior de Santa Catarina, depois da última venda. A criançada voltou para o veículo dirigido por Dona Lina, mais uma vez grávida, e nesse dia Sônia aprendeu da mãe a primeira lição sobre persistência.

Em 1962, a empresa ganhou um novo nome: Indústria e Comércio Dudalina S.A. A marca Dudalina, criada a partir dos apelidos de seus fundadores (Duda e Lina), foi sugerida pelo sobrinho Frederico de Souza, que sempre ajudou os tios na confecção. O espaço da confecção em Luís Alves não demorou muito para ficar pequeno, e a família se mudou para Blumenau no ano de 1969. "Naquela época, não tinha muito o que fazer. Então minha mãe dava tarefas para os filhos: estudar, trabalhar e cuidar dos irmãos", comenta Sônia. E assim, por "não ter o que fazer", Sônia tomou gosto pelo negócio, cresceu e quis alçar voo. Foi à Espanha, conhecer uma tecnologia têxtil que o irmão havia comprado. De lá, voltou com uma proposta para ensinar o que havia aprendido em uma empresa de Montes Claros, Minas Gerais. Não foi um período fácil. As coisas não aconteceram conforme as promessas feitas para a menina de 21 anos, que teve que lidar com dias difíceis.

Mas não desistiu, abriu outra empresa que logo foi vendida para um casal que pediu a consultoria dela para levar o negócio adiante. E, assim, de uma empresa para outra, de um aprendizado para outro, Sônia decidiu morar em São Paulo, seis anos depois de ter se desgarrado. À época, a Dudalina, já com seus 26 anos, também tinha tomado novos rumos e fornecia camisas para grandes clientes, como a Sears, as lojas Pernambucanas e a C&A. Na década de 1980 os negócios da empresa na região sudeste foram incrementados com a abertura de um escritório de vendas na capital paulista.. Foi a chance de Sônia - que nunca foi de jogar uma oportunidade fora. A pedido de um dos irmãos, voltou para a empresa da família e estruturou a nova área comercial. Mas trabalhou com tudo: marketing, desenvolvimento de produto, avaliação de matéria-prima, vendas e o que mais fosse necessário. Em 1984 com a inauguração da nova sede da empresa, no Bairro Fortaleza, em instalações muito mais amplas e modernas, os 16 filhos do casal começaram a administrar os negócios da família.

Toda a experiência de Sônia e essa vontade de ir além foram reconhecidas pelo irmão Armando. Em 2003, quando deixa a presidência da empresa para novos desafios, Armando indica a irmã ao Conselho, para que assuma o seu lugar. Ela assumiu e se recorda: "Nessa época, não posso dizer que estava preparada. Mas eu tinha uma equipe maravilhosa e tinha dois irmãos na diretoria. A empresa passava por alguns problemas e foi aí que eu comecei a entender o que significava correr riscos, porque a responsabilidade por qualquer coisa, a partir de então, seria minha só minha".

Mas a obstinação que aprendeu da mãe (Dona Lina faleceu em 2008) faz parte da personalidade de Sônia: riscos sempre foram vistos como oportunidades, e a força e o empreendedorismo estão em seu DNA. Assim, a empresa que tinha como foco absoluto o mercado de roupas masculinas resolveu dar mais um passo adiante e conquistar o público feminino. Começou a moldar uma nova fase para a Dudalina. Primeiro modernizou as fábricas após ouvir reclamações de que o ambiente de trabalho era apertado; depois ampliou as unidades, o que proporcionou maior conforto aos operários; e quando descobriu que muitos de seus funcionários iam trabalhar de bicicleta, a empresária comprou modelos novos para eles. Mas sua principal ousadia foi inovar no mix de produtos com a produção de calças, malhas e até peças em tricô. A partir deste momento a empresa deixava de ser apenas uma fabricante de camisas.

Sônia não se intimidou e, para conquistar e encantar a nova clientela, criou um espaço onde "as pessoas fossem e sentissem tudo que é a magia da Dudalina. Nos anos seguintes, além da marca principal que levava o nome da empresa, a Dudalina criou, em 1987, a Individual, com camisas mais casuais para consumidor um pouco mais novo; e, em 1994, a Base, mais esportiva e direcionada para os jovens.

A vasta experiência no design, produção e comercialização de camisas, resultaram na criação, inicialmente em caráter experimental, da loja Dudalina Concept. Com projeto contemporâneo, requintado e elegante, além de uma linha completa de vestuário masculino e acessórios com base nas últimas tendências da moda, as primeiras unidades localizadas em Blumenau, atendiam às necessidades do homem atual, que se preocupa com a aparência, que tem liberdade de escolha e sabe o que quer. Em 2007, mais uma ampliação em sua linha de produtos: camisetas e polos em malha. E pouco depois, em 2009, o primeiro perfume masculino da marca e uma linha de sapatos.

A loja foi o embrião para outras lojas e, em 2010, a empresa - que já tinha mais de três mil canais de venda - entrou para o varejo, devido ao enorme sucesso e boa aceitação das lojas conceitos, a maior fabricante de camisas masculinas do Brasil, decidiu ingressar para valer no mercado de varejo. A decisão veio após a boa receptividade dos consumidores às seis lojas abertas pela empresa, localizadas em shopping centers e aeroportos. E o resultado desta expansão foi a inauguração de dezenas de lojas em várias cidades brasileiras nos anos seguintes.

Nos últimos anos a empresa iniciou seu processo de internacionalização. Primeiro, em outubro de 2012, na cidade italiana de Milão, considerada uma das capitais da indústria da moda, quando recebeu o primeiro showroom da Dudalina fora do Brasil. Na América Central, a estreia aconteceu no Panamá com a Dudalina Feminina, em sistema de franquia. E com planos para entrar no mercado americano. "É uma experiência interessante ir para o exterior, é outro mercado, outro comportamento, outro timing, então, o importante nesse processo é aprender a respeitar essas diferenças e entender como tudo isso vai funcionar para o produto", comenta Sônia.

"A gente está aprendendo muito, porque internacionalizar uma marca brasileira não é uma coisa tão simples. Tem um custo alto, mas ao mesmo tempo, você pode fazer isso tudo de uma forma simples, devagar e quando tiver certeza de que elas podem ser feitas", pondera Sônia. Determinada, diz já ter planos para abrir outras lojas no Reino Unido, Austrália, Áustria e Rússia. "Temos a segurança de que nós temos esse produto diferenciado, com qualidade. Cuidamos de cada item e detalhe, e tudo é fabricado por mãos brasileiras", completa.

A força do feminino

Encantar, inovar, ter qualidade com preços competitivos e utilizar as melhores tecnologias... Esse talvez seja o resumo da receita de sucesso da empresa que Sônia não considera mais familiar. "Quando você tem tanta gente trabalhando pelo mesmo objetivo, a empresa passa a ser de uma sociedade, de uma comunidade, com um código de ética e uma série de regras que você tem que seguir. Eu sou uma executiva contratada, se eu não der resultado, estou fora. A Dudalina tem uma governança muito bem estruturada", fala relembrando um dos valores que a mãe deixou.

A família Dudalina cresceu e atualmente tem mais de 2500 colaboradores (70% de força feminina), trabalhando na construção do grande sonho. A empresa cresce, em média, 30% ao ano e, em três anos, 1/3 do faturamento já é referente à coleção feminina. O lado criativo e cuidadoso da mulher também se refletiu na produção: mais de 1.500 modelos de camisas para mulheres e outros 1.500 modelos de camisas para homens. Fora as peças desenhadas para outras coleções.

Será que por ser mulher é mais difícil? "Sempre me perguntam se ser mulher atrapalha. Eu acho que não. Eu acho que não depende do gênero, depende da alma, depende do que você é. Essa alma empreendedora veio da minha mãe. Ela foi uma grande obstinada a vida inteira. Teve 16 filhos, educou, todos são muito trabalhadores, mas ela foi empreendedora. A minha mãe é a minha grande inspiração e meu pai era meu grande amor".

E é assim que a menina que um dia foi chamada na escola de "colona de Luís Alves" – um termo que se refere ao caipira, mas em tom pejorativo – conseguiu construir um caminho de muito trabalho, persistência e otimismo em relação aos sonhos e aos riscos calculados. Essa menina, hoje, é a Sônia Hess, presidente da maior camisaria da América Latina, executiva reconhecida no Brasil e no mundo e que valoriza o simples até quando precisa explicar a sua trajetória:

- Qual é a minha história? É uma história de muito amor à camisa e muito amor às pessoas, e o meu sonho: perenizar a empresa e o nome dos meus pais.

Impressão:

GrafiLar
LAR ANÁLIA FRANCO DE SÃO MANUEL

Fone (14) 3812.5700
www.grafilar.com.br